Maarten 't Hart
Die grüne Hölle

Maarten 't Hart

Die grüne Hölle

Mein wunderbarer Garten und ich

Aus dem Niederländischen
von Gregor Seferens

PIPER
München Berlin Zürich

Mehr über unsere Autoren und Bücher:
www.piper.de / literatur

Die niederländische Originalausgabe erschien erstmals 2004 unter
dem Titel »De groene overmacht. Tuinieren op de zware zeeklei«
im Verlag De Arbeiderspers, Amsterdam.

Von Maarten 't Hart liegen im Piper Verlag außerdem vor:
Magdalena • Das Paradies liegt hinter mir • Das Wüten der ganzen
Welt • Die Netzflickerin • Ein Schwarm Regenbrachvögel • Die
schwarzen Vögel • Bach und ich (mit CD) • Gott fährt Fahrrad •
Das Pferd, das den Bussard jagte • In unnütz toller Wut • Die
Sonnenuhr • Die Jakobsleiter • Der Psalmenstreit • Der Flieger •
Der Schneeflockenbaum • Unterm Scheffel • Unter dem Deich

MIX
Papier aus verantwor-
tungsvollen Quellen
FSC
www.fsc.org
FSC® C083411

ISBN 978-3-492-04895-8
© 2004 Maarten 't Hart
Deutsche Ausgabe: © Piper Verlag GmbH, München/Berlin 2016
Gesetzt aus der Perpetua
Satz: Kösel Media GmbH, Krugzell
Druck und Bindung: CPI books GmbH, Leck
Printed in Germany

Dornen und Disteln

In den Niederlanden wohnen die meisten Menschen auf Sand, abgetragenem Moor, Klei oder verschmutztem Hafenschlamm. Ich selbst habe das Vergnügen, auf »altem Marschklei« zu wohnen. Das liebreizende Dorf, in dem ich lebe, liegt hingegen hoch auf einer uralten Düne, deren oberste Schicht aus leicht zu bearbeitendem fruchtbaren Geestboden besteht. Verlässt man jedoch das Dorf nach Westen, dann steigt man einen Meter hinab in den Polder.

Einst, in längst vergangenen Tagen, haben hier bei Hochwasser Seitenarme des Rheins, zwischen den jungen Dünen und der alten Düne, für Überschwemmungen gesorgt. Verzog sich das Wasser wieder, dann blieben Sedimente zurück. Auch konnte es geschehen, dass das Meer durch die Flussarme in das Gebiet zwischen der alten Düne und den jungen Dünen eindrang. Und auch dann blieben Sedimente zurück, wenn sich das Meer

wieder zurückzog. Diese Sedimente, die hier wahrscheinlich öfter aus dem Meer als aus einem Seitenarm des
Rheins stammen und die aus sehr feinen Teilchen beste-
hen, verdichteten sich zu See- und Flussklei.

Es ist nicht unbedingt einfach, auf Klei zu wohnen.
Der Boden ist immer ein paar Grad kälter als der Sand.
Man kann das hier im Dorf erstaunlich gut spüren. Wenn
man beim Friedhof die alte Düne verlässt und in den
Polder hinuntergeht, dann packt einen die Kälte bei der
Kehle. Und nicht nur sind Luft und Erde kälter, es dau-
ert auch länger, bis sie sich erwärmt haben. Wenn man
auf dem alten Geestboden der Düne schon längst Bohnen pflanzen kann, muss ich noch mindestens zwei bis
drei Wochen damit warten.

Eine Sandschicht ist enorm porös. Das Regenwasser
versickert sehr schnell darin. Klei hält das Wasser gut
fest, so gut sogar, dass man in einem nassen Sommer im
Schlamm watet. Auf dem Klei ist also ein trockener
Sommer besser. Allerdings haben wir in den Niederlanden selten einen trockenen Sommer (Anfang Juni setzt
fast immer der westeuropäische Monsun ein), und dann
darf der Sommer auch wieder nicht allzu warm und trocken sein, denn in diesem Fall wird der Klei steinhart
und bekommt Risse. Außer einem sehr zähen Gras, *Ely-
trigia repens*, alias die berüchtigte Gemeine Quecke,
wächst dann wirklich nichts mehr.

Daher ist es auch nicht verwunderlich, dass die Bauern, sowohl südöstlich als auch nordwestlich von mei-

nem Wohnort, den Boden »umgebrochen« haben. Unter dem Klei befindet sich eine Schicht Torf, und darunter Sand. Sie haben vor einigen Jahren mithilfe eines recht komplizierten Verfahrens, bei dem Tiefenpflüge auf den Feldern eingesetzt wurden, den Klei unter den Torf gemischt und den Sand nach oben geholt. Auf dem Sand züchten sie nun schon seit Jahren Tulpenzwiebeln, die mit lauten Sprenkelanlagen bewässert werden.

Unseren Garten könnten wir jedoch nur »umbrechen«, wenn wir zuvor das Haus und alle um das Grundstück herumstehenden Bäume entfernen würden. Selbstverständlich ist das ausgeschlossen, und daher plagen wir uns eben weiterhin auf dem alten Klei. Jahrein, jahraus führen wir einen erbitterten, ungleichen Kampf gegen den triumphierenden Holunder, die unaufhaltsamen Brombeeren, die schlaue Zaunwinde, die allgegenwärtige Brennnessel, die unausrottbare Quecke, das hinterhältige Kletten-Labkraut. Genesis 3, 18: Dornen und Disteln soll er dir tragen.

Schaut man aus dem Fenster, dann sieht man, »wie die Holunderbüsche aus der Erde dringen, dieweil sie heiser, stotternd singen«. Und dem unbändigen, bereits nach einem Jahr mannshohen Holunder folgen Kastanien und Eichen auf dem Fuß und singen leise mit, und überall entdeckt man beginnenden Ahornwildwuchs. Auch der Rotdorn fühlt sich auf dem Klei heimisch. Seinem Namen Ehre machend, steht er mehr oder weniger den ganzen Juni über in üppiger Blüte. Auch die Schlehe, die bereits sehr früh im Jahr, noch ehe ihre zarten grünen Blättchen erscheinen, betrügerisch blüht, liebt ganz offensichtlich den Klei. Trotzdem erscheinen auch ihre grazilen Blüten – gleich Tausenden von schneeweißen Schmetterlingen, die sich auf den schwarzen Zweigen niedergelassen haben – erst, nachdem sie auf dem Sand bereits verblüht sind.

Es ist, auch wenn Rotdorn und Schlehe Trost spenden, nicht verwunderlich, dass auf dem Klei seit jeher ein schwermütiges, gebückt gehendes Geschlecht lebt. Wegen des Umgrabens, das schon vor Weihnachten erledigt sein muss, damit die fetten, schweren Brocken kaputtfrieren können, stets vom Hexenschuss geplagt. Auf dem Klei leben in den Niederlanden daher auch die Ultraorthodoxen, die Pietisten, die Hardcore-Calvinisten. Und ich, auch so ein pietistischer Typ, allerdings mit einem Minuszeichen davor, wohne deshalb genau dort, wo ich hingehöre.

Echter Meerkohl

Als ich mich im Jahr 1982 auf Kleiboden niederließ, wollte ich besonderes Gemüse anbauen. Über Dicke Bohnen, Salat, Blumenkohl, Rübchen, Möhren rümpfte ich die Nase. Ich kaufte das Buch *Besondere alte und neue Gemüse in Garten und Küche* von Buishand und Houwing. Darin strich ich mir an: Echter Meerkohl, Radicchio, Senfkohl, Rucola, Knollen-Ziest, Große Klette, Komatsuna, Topinambur.

Es war nicht leicht, Samen für diese Pflanzen zu bekommen. Auf dem Dienstagsmarkt in der Groenoordhal in Leiden fand ich schöne kleine Senfkohlpflanzen. Auf dem kalten Klei jedoch verkümmerten die Pflänzchen. Den Schnecken schienen sie dennoch ganz hervorragend zu munden. Natürlich haben die von normalem holländischen Salat und gewöhnlichem Spitzkohl die Nase einigermaßen voll. Massenhaft machten sie sich daher über den Senfkohl her, hatten die grünen Blättchen in Nullkommanichts von den hübschen Pflanzen gerupft, und es blieb nur noch eine aus Blattnerven konstruierte Miniatur-Zadkine-Skulptur übrig.

Den Samen für den Echten Meerkohl bezog ich von einer renommierten Firma in Lisse. Gegen Zahlung einer erklecklichen Summe wurden mir sieben kleine Schoten gesandt. Diese musste man vorsichtig aufprokeln. Dann werde man, so stand es hinten auf der Packung, einen braunen Samen finden. In fünf der sieben Schoten befand sich überhaupt kein Samen. Die zwei, die ich entdeckte, tat ich auf Anweisung von Buishand und Houwing in Becher mit Substrat. Auf der Fensterbank im Wohnzimmer sprossen die Pflänzchen schön empor. Als es draußen wärmer wurde, härtete ich sie zunächst ab und pflanzte sie dann an einer geschützten Stelle. Pflanze eins war nach zwei Tagen tot. Mit Pflanze zwei machten, obwohl ich sie mit einem großen Kreis aus Muschelgrus umgeben hatte, die Schnecken kurzen Prozess. Seitdem habe ich nicht wieder versucht, Echten Meerkohl zu züchten. Hin und wieder lese ich wehmütig in dem Buch von Buishand und Houwing: »Echter Meerkohl ist ein interessantes Gemüse, das, was den Geschmack angeht, große Ähnlichkeit mit Spargel hat.«

Mit Radicchio, den Samen dafür konnte ich in der Schweiz erwerben, habe ich hingegen durchaus gute Erfahrungen gemacht. Man muss ihn spät säen, sonst schießt er. Allerdings bleiben dann auf dem kalten Klei die Köpfe ziemlich klein. Die Pflanzen können einiges vertragen. Ein bisschen Frost jagt ihnen keinen Schrecken ein, und die Schnecken zeigen kaum Interesse. Was den Geschmack betrifft, erinnert Radicchio am ehesten an Chicorée. Roh schmeckt er herrlich.

Was die anderen Gemüsesorten, die ich weiter oben erwähnt habe, angeht: Abgesehen von Topinambur, war ich mit keiner einzigen erfolgreich. Wie gern würde ich zum Beispiel Knollen-Ziest züchten! Die winzig kleine Knolle wächst zwar in meinem Garten, doch erstens findet man die Knollen kaum, und zweitens ist es kein kleines Kunststück, sie, wenn man sie gefunden hat, aus dem Klei zu pellen. Meist beschädigt man sie dabei so sehr, dass man sie nicht mehr zubereiten kann. Ach, Knollen-Ziest!

Von der Erdbirne, wie Topinambur auch genannt wird, die Buishand und Houwing als »sehr schmackhaft« bezeichnen, habe ich vor etwa zehn Jahren schöne Knollen ernten können. Wie bei der Kartoffel tut man eine Knolle in die Erde, und daraus wächst dann eine große Pflanze, die wiederum neue Knollen bildet. Als ich Topinambur das erste Mal anbaute, habe ich gleich eine ganze Reihe gepflanzt. Als all die Knollen sich zu Pflanzen entwickelt hatten, war der Anblick überwältigend. Man hätte meinen können, ich hätte eine besondere Art von Windschutz gepflanzt. Laut Buishand und Houwing werden Topinamburpflanzen »leicht zwei bis drei Meter hoch, sie blühen jedoch spät oder gar nicht«. Na, zwei Meter hoch wurden meine Pflanzen nicht – die höchste

reiche mir bis zum Kinn –, aber geblüht haben sie alle
wie wild. Wunderschöne gelbe Blumen.

Ich ernte eine gewaltige Menge von Knollen. Nach
Ansicht von Buishand und Houwing »kommt der Geschmack dem der Artischocke nahe«. Das klingt vielversprechend, doch ich muss gestehen, dass mir der fade,
süßliche Geschmack der Erdbirne nicht sonderlich zusagt. Ich habe sie seitdem nicht wieder angebaut. Doch
auch ohne mein Zutun wächst jedes Jahr an den un-
glaublichsten Stellen meines Gartens Topinambur. Saat-
gewinnung mag in unserem Klima, laut Buishand und
Houwing, nicht möglich sein, aber die Erdbirne sät sich
eifrig selbst aus. Jedes Jahr blüht die Pflanze üppig als
Symbol für meinen lächerlichen Versuch, nicht heimi-
sches Gemüse auf dem kalten Klei zu züchten.

Adu und Jozef

Vor gut dreißig Jahren habe ich *Die Welt als Wille und Vorstellung* von Schopenhauer auf Deutsch gelesen. Ob ich damals viel verstanden habe, weiß ich nicht, aber beeindruckt war ich schon. Ich lese das Buch jetzt erneut, in der niederländischen Übersetzung von Hans Driessen, die vor ein paar Jahren erschienen ist. Welch ein merkwürdiges Amalgam aus köstlichen Kapiteln und dürren Dunkelheiten. Bizarre Ansichten über Homosexualität und die Farbenlehre. Vollkommen unlesbar sind die letzten einhundert Seiten über Kant.

Auf S. 226 des ersten Bandes sagt Schopenhauer: »Während nun also jeder Mensch als eine besonders bestimmte und charakterisirte Erscheinung des Willens, sogar gewissermaaßen als eine eigene Idee anzusehen ist, [fehlt] bei den Thieren [...] dieser Individualcharakter im Ganzen [...], indem nur noch die Species eine eigenthümliche Bedeutung hat.«

Wie kann Schopenhauer etwas so Dämliches behaupten? Tieren soll ein Individualcharakter gänzlich abgehen? Ich war schon immer darüber erstaunt, dass selbst zwei Ratten, die aus demselben Wurf stammen, einen vollkommen unterschiedlichen Charakter haben können.

Man kann sich kaum zwei Tiere vorstellen, die sich so sehr voneinander unterscheiden wie meine beiden Ziegenböcke Adu und Jozef. Adu, der nun leider schon seit vielen Jahren tot ist, war ebenso sanftmütig wie gefräßig. Er verputzte alles. Sogar Zeitungen futterte er, und dabei war es ihm vollkommen egal, an welcher Tageszeitung er gerade knabberte. Kam jemand, um mich zu interviewen, und brachte einen Blumenstrauß mit, dann gab ich diesen, sobald der Journalist verschwunden war, Adu, weil ich Blumen in Vasen hasse. Wie dankbar er dann war! Der Strauß wurde auf der Stelle gefressen, und zwar inklusive des Tütchens mit Pflanzennahrung. Adu war äußerst schweigsam, ich glaube, ich habe ihn ganze zwei Mal ein Geräusch von sich geben hören. Wer auch immer mich besuchte, Adu ließ sich geduldig streicheln und versuchte währenddessen, sich der Schals zu bemächtigen. Im Laufe der Jahre hat er diverse teure Damenschals gefressen, oft unter lautem Geschrei der Beraubten, aber das kümmerte ihn nicht. Seine merkwürdigste Eigenschaft war, dass er eine Erektion bekam, wenn Frauen auf meinem Grundstück erschienen, die ich nett fand.

Jozef macht man mit einem Blumenstrauß keine Freude. Er schnüffelt vorsichtig daran, und vielleicht knabbert er von dieser oder jener Rose die dunkelroten Blättchen ab, auf dem Rest aber trampelt er nur herum. Er ist verblüffend wählerisch. Wovon er lebt, ist mir nicht klar, die Nahrungsaufnahme scheint nur mit kleinen Buchstaben in seinen Genen verzeichnet. Eine Zeitung ist nicht sein Ding, Schals interessieren ihn nicht. In dieser Hinsicht sind Streichler also nicht in Gefahr. Allerdings beantwortet er jeden Annäherungsversuch mit einem gezielten Kopfstoß. Am liebsten würde er den ganzen Tag lang Menschen und Dinge umstoßen. Da es aber an einem konstanten Kandidatennachschub für dieses lustige Spiel in der Regel fehlt, steht er oft da und meckert traurig vor sich hin. So schweigsam Adu war, so gesprächig ist Jozef. Ihm steht ein gewaltiges Arsenal an Tönen zur Verfügung. Zieht ein Flugzeug vorüber, macht er einen Heidenlärm. Während man Adu nicht frei herumlaufen lassen konnte (er fraß alle Knospen ab und spazierte aus meinem Garten hinaus), muss man Jozef nicht einsperren. Für die Knospen besteht keinerlei Gefahr, und das Gelände verlassen? Bloß nicht! Wenn ich ihn zu den Nachbarn auf die Weide bringe, tut er alles, um so schnell wie möglich wieder auf eigenen Grund und Boden zu gelangen. Ist eine nette Frau zu Besuch, bekommt er keine Erektion, sondern er versucht, sie umzuschubsen.

Es ist kaum zu glauben, dass zwei Ziegenböcke so unterschiedlich sein können. Nichts von dem, was ich im Umgang mit Adu gelernt habe, kann ich bei Jozef anwenden. Während Adu vollkommen aus dem Häuschen war, wenn ich ihm eine Handvoll Rote-Bete-Blätter brachte, erwidert Jozef diese großzügige Gabe mit einem Kopfstoß. Schopenhauer und Kant ähnelten einander mehr als Adu und Jozef.

Blätter

»Die Blätter fallen in die gelben Grachten«, dichtete J. C. Bloem. Eine schöne erste Zeile eines sublimen Gedichts, aber das Problem ist, dass die meisten Blätter neben die gelben Grachten fallen. Und was rund um mein Grundstück dennoch im Wasser landet, sollte ich besser wieder rausholen, denn sonst verschlammen sämtliche Gräben.

Jedes Jahr erstaunt mich die gewaltige Blättermasse, die nahezu geräuschlos heruntersegelt, aufs Neue. Vor ein paar Jahren dachte ich, während ich all das Laub von den Wegen rechte, zum ersten Mal: Man könnte fast meinen, es werde jedes Jahr mehr. Eine Weile später kam mir ein zündender Gedanke. »Aber natürlich, es sieht nicht nur so aus, als würde es immer mehr, es wird tatsächlich mit jedem Jahr mehr, denn die Bäume werden ja immer größer.«

Nachdem mir diese Erkenntnis zuteilgeworden war,

fasste ich einen kühnen Entschluss. Stets hatte ich gesagt: »So ein Blätterpuster, das ist was für reiche Säcke und Faulenzer. Außerdem machen die Dinger Lärm wie ein Düsenflugzeug.« In der Zeitschrift der Verbraucherberatung erschien zudem mitten im Sommer, als alle Blätter noch ordentlich an den Bäumen hingen, ein Artikel, in dem dargelegt wurde, dass ein solcher Apparat vollkommen überflüssig ist. Ein bisschen rechen, und alles sei weg.

Leider ist es nicht so einfach. Bei mir fällt das meiste Laub dorthin, wo es ruhig liegen bleiben kann. Von den Kieswegen jedoch muss es verschwinden. Nicht, weil ich saubere Wege haben will. Aber Laub kompostiert, es wird, kurzum, zu fruchtbarem Humus, und dort, wo es haufenweise auf dem Kies liegt, schießt dann im nächsten Jahr das Unkraut üppig zwischen den Kieseln empor. Wenn man sich das mühsame Unkrautharken ersparen will, dann muss man folglich die Blätter vom Kies entfernen.

Ich habe daher meine Meinung geändert und bin zum Kauf eines solchen Blätterpusters übergegangen. Nein, nicht so ein Ding, das man sich auf den Rücken schnallt, sondern gleich ein teures Ungetüm auf Rädern. Ich glaube nicht, dass ich jemals etwas anderes angeschafft habe, was mir so viel Freude bereitet hat. Das ganze Jahr lang freue ich mich auf den Herbst, wenn ich wieder das Laub von den Wegen pusten darf. Vor allem die taschentuchgroßen gelben Blätter, die von den Ahornbäumen fallen –

ach, welch ein Vergnügen ist es, sie vom Weg zu wirbeln. Und wenn man sie weggewirbelt hat, kann man sie auf dem Rasen zu noch höheren Haufen zusammenpusten, um sie anschließend zum Komposthaufen zu transportieren.

Nicht alle Blätter geben sich einfach so geschlagen. Die Eschenblätter zum Beispiel muss man, sobald sie abgefallen sind, blitzschnell von den Wegen blasen. Es sind gefiederte Blätter, und das bedeutet, dass aus einem Hauptstiel eine Reihe von kleinen Blättern wachsen. Die kleinen Blätter verwelken schnell und lösen sich, sobald das Blatt auf dem Boden liegt, nach kurzer Zeit vom Hauptstiel. Und der bleibt anschließend wie ein einzelnes Zweiglein auf dem Gartenweg liegen, ganz gleich, wie entschlossen man ihm mit dem Laubpuster zu Leibe rückt. Nur frisch gefallene Eschenblätter kann man daher mit Hauptstiel und allem, was daran hängt, von den Wegen pusten. Und obwohl ich die Lektion, das Eschenblatt gleich beim Kragen zu packen, längst intensiv gelernt habe, bin ich meistens den ganzen Winter über damit beschäftigt, die Eschenblattstiele von den Gartenwegen zu sammeln. Wo all diese Heimlichtuer herkommen, weiß ich nicht, aber sie schaffen es immer wieder, haufenweise herumzuliegen.

Ein großer Vorteil des Eschenblattes jedoch ist, dass das Vieh es ganz besonders mag. Mein Ziegenbock und die Leasing-Ziege würden alles dafür tun. Wenn ich sie im Herbst herumlaufen lasse, dann schlendern sie vorzugsweise auf den Kieswegen zum Eschenlaub. Worüber sie aber die Nase rümpfen, sind Eichenblätter. Das ist eine Katastrophe, denn die verwittern nicht einmal und verschwinden von selbst, sie liegen nur herum und werden braun und ledrig. Auf dem Komposthaufen – wo sie nicht hingehören – bilden sie eine undurchdringliche Schicht. Wenn alle anderen Blätter längst zerfallen sind, strotzt das Eichenlaub noch vor Gesundheit. Bis weit in den Februar hinein hört man es laut rascheln, wenn eine emsige Amsel darin nach Futter sucht.

Das Merkwürdige ist: Von einem Tag auf den anderen scheint es plötzlich vorbei zu sein. Erst pustet man zwei-, dreimal am Tag die Blätter weg, und dann nichts mehr. Kein Blatt ist mehr an den Bäumen zu sehen. Der Winter hat begonnen.

Zusätzliche Drainage

Als ich mich 1982 auf meinem Hektar Klei niederließ, beackerten fünf Schrebergärtner einen Teil meines Landes. Alle fünf bekämpften den Maulwurf fanatisch mit Forke, Gift und Falle. »Meine Herren«, sagte ich zu ihnen, »das ist ab heute verboten.« Nun ist es nicht sonderlich sinnvoll, großmächtig und ohne Argumente ein Verbot zu verhängen. Wenn man das tut, muss man gewaltige Anstrengungen unternehmen, um seine Einhaltung zu erzwingen. Ich versuchte also, die fünf davon zu überzeugen, dass es nicht klug ist, den Maulwurf auszumerzen. Ich zeigte ihnen eine Passage aus einem Buch über biologischen Gartenbau von Hans van Cuijlenborg. »Was Säugetiere angeht, so gibt es einige, die für eine gute biologische Arbeitsweise eigentlich unverzichtbar sind. Dabei steht der Maulwurf an erster Stelle. Es ist ein Irrglauben, wenn man meint, diese Tiere seien schädlich. Der Maulwurf ist ein großer Helfer, wenn es darum geht, schädliche Insekten zu bekämpfen. Schwere Böden erhalten durch die Maulwurfsgänge außerdem eine zusätzliche Drainage.«

Natürlich ist es eine Illusion, zu glauben, man könne Gärtner mit »Bücherwissen« von ihren Überzeugungen abbringen. Ungeachtet meines Verbots fuhren die fünf fort, den Maulwurf heimlich zu bekämpfen. Inzwischen haben vier von ihnen wegen Alters, Rückenbeschwerden und Ablebens das Handtuch geworfen, doch der Fünfte stellt immer noch Fallen auf, wenn er einen Maulwurfshügel entdeckt. »Nein!«, rufe ich dann. »Maulwürfe machen Jagd auf Maulwurfsgrillen, das sind die eigentlichen Übeltäter.«

Es bleibt mir unbegreiflich, dass ein so niedliches, prächtiges, nützliches Tier wie der Maulwurf bekämpft wird. Maulwürfe fressen Insekten, Larven, Puppen, Engerlinge und Nacktschnecken. Wenn es zu viele Maulwürfe gibt, schrecken sie nicht einmal vor Kannibalismus zurück, sodass man folglich nie fürchten muss, sie könnten zu einer Plage werden. Auf Klei lockern sie zudem den Boden. Ihre Gänge fördern die Entwässerung. Wer sie tötet oder vergrämt, ist dumm. Daher macht mich ein Buch wie das von Romke van de Kaa vollkommen ratlos. Er präsentiert ein ganzes Arsenal von Bekämpfungsmitteln. Gott sei Dank ist er nicht so tief gesunken, dass er selbst die schrecklichen Schlagfallen verwendet. Dies sind grausame Folterwerkzeuge, die man in den Maulwurfsgängen platziert. Läuft ein Maulwurf hindurch, dann schnappt die Falle zu, und das Prachttier stirbt einen schrecklichen Tod. Aber van de Kaa sagt leider nicht, dass es verbrecherisch ist, solche Fallen zu verwenden. Er selbst rückt dem Maulwurf mit dem zu Leibe, was er als seine Lieblingswaffe bezeichnet: der Rauchpatrone. Und warum? Weil er eines stockdunklen Abends beim Gassigehen mit dem Hund über eine eingesunkene Terrassenfliese gestolpert ist und sich übel verletzt hat. Da möchte man doch sagen: »Hättest du mal lieber ein bisschen besser aufgepasst. Soll der nützliche Maulwurf nun wirklich für deine eigene Unaufmerksamkeit büßen?«

Die meisten Menschen bekämpfen den Maulwurf übrigens, weil der Maulwurfshügel auf dem glatten Rasen so unangenehm ins Auge fällt. Dabei ist nichts, finde ich jedenfalls, so abgeschmackt und spießig wie ein kurz geschorener Rasen. Ein eintönigeres Habitat ist kaum vorstellbar. Wenn man unbedingt solch einen dämlichen Rasen haben will, dann sollte man Kunstrasen auf einem Betonboden auslegen. Dann muss man auch nicht mehr mähen.

Ich gärtnere seit 1982 auf Klei. Mit Maulwürfen, die sich bei mir in Massen herumtreiben, habe ich nie Probleme gehabt. »Mag sein, aber sie drücken die jungen Kartoffelpflanzen beiseite, wenn sie darunter hindurchgraben«, bekomme ich öfter zu hören. Das ist bei mir noch nie passiert, obwohl ich jedes Jahr so viele Kartoffeln wie möglich pflanze, weil ich die Giftknollen aus dem Laden nicht mag. Allerdings ist es bereits wiederholt vorgekommen, dass die Maulwürfe meine gerade sprießenden Dicken Bohnen nach oben gedrückt haben. Nun, dann drücke ich sie einfach wieder zurück, und sie wachsen fröhlich weiter.

Durch meinen Garten verläuft ein gepflasterter Weg, und dessen Gehsteigplatten werden regelmäßig von Maulwürfen untergraben. Ab und zu versinkt dann plötzlich eine Platte, wenn man darauf tritt. Vor allem im Dunkeln kann dies ein angsteinflößendes Erlebnis sein. Natürlich ist es nicht ausgeschlossen, dass man sich dabei verletzt. Aber ich bin darauf vorbereitet, und ich finde nicht, dass etwas Künstliches, das man im Garten anlegt (ein gepflasterter Weg, eine Terrasse), ein Grund dafür sein darf, der Natur Gewalt anzutun und den Maulwurf zu verjagen.

Der Igelmörder

Wonach der Klei sich sehnt – drei Wochen strengen Frost –, wird es vorerst nicht geben. Was der Klei überhaupt nicht gebrauchen kann, Niederschlag, fällt im Übermaß herab. Wenn es jetzt nicht mehr friert, werden im Frühjahr und Sommer die Schnecken das Zepter schwingen. Deshalb kommt es darauf an, alles, was Gastropoda vertilgt, zu hegen und zu pflegen. Zum Glück haben sich in meinem Garten drei Igel in den Winterschlaf begeben. Ab und zu scheint die Sonne schon so munter, und die Temperaturen steigen örtlich bereits so weit in den zweistelligen Bereich, dass sie aufwachen und verstört durch den Garten irren. Oder sollten sie etwa schlafwandeln? Jedenfalls rollen sie sich, auch wenn sie möglicherweise noch im Halbschlaf sind, sofort auf, wenn mein Hund sich auf sie stürzt.

Die Igel sind meine Hoffnung für die nahe Zukunft. Vielleicht können sie die drohende Schneckenplage im

Zaum halten. Es ist ganz undenkbar, dass ich sie, auch wenn sie nachts manchmal so viel Lärm machen, als würde ein Einbrecher sich im Garten zu schaffen machen, verjagen oder gar töten könnte.

Jemand, der darüber ganz anders denkt, ist der preisgekrönte flämische Schriftsteller Paul de Wispelaere. In seinem Buch *Das verkohlte Alphabet* erzählt er: »Vorige Woche bemerkte ich, dass aus dem Nest der ältesten Pfaue zwei der fünf Eier verschwunden waren, und ich vermutete, dass einer der Igel sie geraubt hat.« Zwei Tage lang schleicht er mit Taschenlampe und Mistgabel durch den Garten. Am dritten Tag hat er Erfolg. »Der Mörder umrundete schnüffelnd das Nest und rollte sich, sobald er das Licht bemerkte, zu einer Kugel mit aufgerichteten Stacheln zusammen.« Und dann folgen bald darauf die Sätze, die zweifellos den Ausschlag gegeben haben, als die Jury darüber beratschlagte, welcher Autor mit dem bedeutendsten Literaturpreis ausgezeichnet werden sollte, den es in unserem Sprachgebiet gibt: »Mit zwei, drei gut gezielten Bajonettstichen habe ich ihn getötet. Er machte keinen Mucks. Die braune Kugel spannte kurz alle Muskeln an und sackte dann wie eine Mütze in sich zusammen. Ich legte vor mir selbst Rechenschaft ob der finsteren Erregung ab, die mich erfasst hatte.«

Was für ein Schuft, dieser de Wispelaere! Was für ein abscheuerregender Igelmörder! Hatte er irgendeinen Beweis dafür, dass dieser Igel tatsächlich die beiden Pfaueneier gestohlen hatte? Er hätte ruhig erst einmal lesen können, was Grzimek schreibt: »Oft beschuldigt man Igel, dass sie ›leidenschaftlich gern‹ Eier von Haushühnern und Tauben stehlen und ›höchst pfiffig ausschlürfen‹, ohne vom Inhalt etwas zu verschütten. Unsere einheimischen Igel aber bringen ihren Mund gar nicht so weit auf, um ein Hühner- oder Taubenei mit den Zähnen zu packen und festzuhalten; es rollt ihnen immer wieder fort.«

In meinem Garten halte ich drei Hühner. Sie legen, erstaunlich gut, fast jeden Tag drei Eier. Es laufen dort auch drei Igel herum. Obwohl sie mühelos an die Eier herankämen, haben die Igel noch nie auch nur ein einziges Ei gefressen.

Dass der Igel, den de Wispelaere mit »Bajonettstichen« tötet und anschließend auch noch genüsslich »auf einen Zahn der Mistgabel spießt«, der Eierräuber war, ist äußerst unwahrscheinlich. De Wispelaere hat ihn nicht auf frischer Tat ertappt. Dass der Igel beim Nest der Pfaue herumgeschnüffelt hat, beweist nichts. Ohne jede Art von Prozess wird eines der allerliebsten Tiere unserer Fauna auf grausame Weise mit einer Mistgabel abgeschlachtet. Wegen ein paar Pfaueneier wohlgemerkt. Welcher Idiot hält denn noch Pfaue?

»In Deutschland«, sagt Grzimek, »ist das Fangen, Töten, Kaufen und Verkaufen von Igeln zu Recht verboten.« Leider ist dies in dem barbarischen Land an unserer Südgrenze noch nicht der Fall, denn sonst hätten wir den Igelmörder de Wispelaere bei der Polizei anzeigen können.

De Wispelaeres schauerliche Geschichte wird noch abscheulicher, als er erzählt, dass er auch acht Küken problemlos tötet. Er klatscht sie einfach an die Wand. »Der Reihe nach«, berichtet er, »sah ich sie von der Wand zurückprallen und mit gespreizten Flügeln im Schnee liegen.« Ein Küken ist in seiner Hand zurückgeblieben. »Es steckte das Köpfchen durch das Gitter meiner Finger. Doch es war rettungslos verloren. Wütend schleuderte ich es gegen die Ziegelsteine.« Mit anderen Worten: Er selbst schreckt nicht vor einer Handlung zurück, für die er den Igel meinte töten zu müssen.

Nachdem de Wispelaere den Igel umgebracht und ihn auf seine Forke gespießt hat, sieht er »beim Hochheben Blut fließen«. Mit dem aufgespießten Igel geht er zu seinem Haus, wo er ihn auf dem Rasen zur Schau stellt. Und dann lautet der vielsagende Schlusssatz: »Einfach wie eine primitive Trophäe, wie einen Skalp.«

Sich grausen vor dem Klonen

Es stand groß auf der Titelseite des *NRC Handelsblad*: Sosehr sich der führende Sozialdemokrat Wouter Bos und der christdemokratische Ministerpräsident Jan Pieter Balkenende auch unterscheiden, das haben sie gemeinsam: Sie grausen sich vor dem Klonen. Immer, wenn es ums Klonen geht, spürt man den gleichen irrationalen Schauder. Und das, obwohl wir seit Kindesbeinen mit dem Klonen vertraut sind. Nur hieß das Klonen damals »durch Stecklinge vermehren«. Alle Fensterbrettbegonien wurden auf diese Weise erzeugt.

Im Vergleich zu der ebenso einfachen wie eleganten Methode der Reproduktion durch Stecklinge ist die sexuelle Fortpflanzung bei Pflanzen eine mühevolle Angelegenheit. Stempel und Staubgefäße und Wind oder Bienen – das ist alles äußerst kompliziert. Das Wetter muss mitspielen, der Wind muss richtig wehen, und die einfältigen Bienen müssen Lust dazu haben.

Auch bei den Tierarten, die sowohl Klonen als auch Sex im Repertoire haben, zeigt sich, dass Klonen eine viel elegantere Form der Fortpflanzung ist. Nehmen wir zum Beispiel die Süßwasserpolypen. Hat man einmal ein paar Tage nacheinander mithilfe eines binokularen Mikroskops beobachtet, wie so ein kleiner Polyp sich selbst vervielfacht, dann will man über das Klonen nie wieder ein böses Wort hören. Ein Süßwasserpolyp besteht aus einem Stiel, der mit einem Kranz von Tentakeln gekrönt ist. Wenn es ihm gut geht, dann bildet sich irgendwann in der Mitte des Stiels eine Verdickung. Diese wird allmählich größer, und nach einem Tag, manchmal auch zwei Tagen, sieht man kleine Tentakeln aus der Verdickung zum Vorschein kommen. Der geklonte Polyp wächst schnell, löst sich von seinem Mutterpolypen, entfernt sich mit einigen Saltos und beginnt ein eigenständiges Leben. Der Süßwasserpolyp kann sich auch sexuell vermehren. Aber das macht er nur, wenn die Bedingungen schlecht sind, wenn Nahrungsmangel droht oder er bereits so gut wie tot ist.

Sexuelle Fortpflanzung ist eine evolutionäre Notlösung. Wahrscheinlich ist sie die flexible Antwort auf die riesige Bedrohung, der alle Organismen ausgesetzt sind: den Parasitismus. Sex erfordert eine gewaltige Investition von Zeit und Energie. Eigentlich ist es eine enorm unpraktische Art, sich fortzupflanzen, aber der Vorteil ist, dass man schneller nützliche Gene austauschen kann. Dennoch würden Bos und Balkenende sich, wenn Klonen bei uns die Norm wäre und wir dank der Tiere auch von der Möglichkeit der sexuellen Vermehrung wüssten, ebenso heftig vor Sex grausen, wie sie sich jetzt vor dem Klonen grausen. »Stell dir vor«, würden sie rufen, »Schulklassen mit vollkommen unterschiedlichen Kindern darin, sodass man sehr dumme und sehr schlaue Kinder gleichzeitig hat, während jetzt alle Kinder gleich schlau sind! Was für eine Katastrophe wäre das für die Lehrer. Stell dir vor, sehr schöne Frauen und sehr hässliche, und bei den Männern genauso – was für ein Neid, was für ein Elend, was für ein bitterer Kummer würde daraus entstehen. Zum Glück klonen wir uns, sodass wir alle einander ähnlich sind.« In einer menschlichen Gesellschaft, in der Klonen die Norm wäre, würde man die sexuelle Reproduktion mit größerem Schauder und stärkerem Misstrauen betrachten als wir heute das Klonen. Und zu Recht, die Welt würde extrem beängstigend sein.

Es ist vollkommen lächerlich, sich vor dem Klonen zu grausen. Es ist die naheliegendste, günstigste Form der Reproduktion. In den Milliarden Jahren der Evolution, die hinter uns liegen, war das Klonen die längste Zeit die Norm. Nichts wäre vernünftiger, als darauf zurückzugreifen. In seinem Roman *Die letzte Chance* lässt Simon Vestdijk sein Alter Ego die Bilanz seiner enttäuschenden Liebeserfahrungen ziehen. Und dabei kommt er zu einem überraschenden Ergebnis: »Ein Mensch sollte eine Zelle sein, dachte er, ein kleiner Klumpen, der sich zweiteilt, dann gäbe es keine Probleme.«

Kleinblütiges Knopfkraut

Das erstaunlichste Unkraut, womit man auf Klei zu tun hat, ist das Kleinblütige Knopfkraut (*Galinsoga parviflora*) oder dessen Schwester: das Behaarte Knopfkraut (*Galinsoga quadriradiata*). Ganz ohne Zweifel wachsen beide Knopfkräuter auch auf Sand und anderen Böden, aber ich stelle mir vor, dass man sie dort bequem herausreißen kann. Man schüttelt den Sand gründlich von den Wurzeln, und dann wird der Pflanze nicht viel anderes übrig bleiben, als zu verdorren. Reißt man Knopfkraut jedoch aus dem Kleiboden, dann bleibt an den Wurzeln, vor allem wenn es feucht ist, jede Menge Klei hängen. Wirft man das Knopfkraut nun zwischen die frischgejäteten Beete, dann sieht man am nächsten Tag, dass es sich bereits halb wieder aufgerichtet hat. Und schon am nächsten Tag ragt es wieder stolz in die Höhe. Es blüht, als hätte man es nie ausgerissen. Auch wenn man es auf den Komposthaufen wirft, gelingt es ihm, sich wieder aufzurichten, und es wächst dort weiter, als wäre nie etwas geschehen.

Wenn man die Kartoffeln gerodet hat und das Beet liegt anschließend brach, dann sieht man bereits nach ein paar Tagen ein smaragdfarbenes Funkeln auf dem Klei. Es sieht aus, als wäre grüner Schnee gefallen. In kürzester Zeit wachsen die kleinen, hübschen grünen Blättchen, die so anmutig den Boden bedecken, zu kräftigen Pflanzen heran. Man kann ihnen beinahe mit bloßem Auge beim Sprießen zusehen. In Nullkommanichts blühen die Pflanzen, und es stellt sich heraus, dass man Besitzer einer prachtvollen Monokultur aus kleinblütigem oder behaartem Knopfkraut ist.

Das Knopfkraut wächst nicht nur überall dort, wo ein Stück Boden brachliegt, sondern es siedelt sich auch zwischen deinen Pflanzen an. Es schießt aus der Erde, gelangt in einem Nu zur Blüte, und die potthässlichen Zwergblüten bilden rasend schnell Samen. »Unter günstigen Bedingungen«, lese ich in dem nicht genug zu lobenden Buch *Ökologische Flora der Niederlande* von E. J. Weeda u. a., »kann eine Pflanze innerhalb von zwei Monaten Nachkommen hervorgebracht haben.« In Anbetracht meiner Erfahrungen mit den beiden Knopfkrautarten frage ich mich schon seit einiger Zeit, ob diese Zeitspanne nicht schon zu groß angesetzt ist. Knopfkraut verbreitet sich schwindelerregend schnell!

Das Kleinblütige und das Behaarte Knopfkraut kamen – was müssen das für goldene Zeiten gewesen sein! – ursprünglich nicht in den Niederlanden vor. Die Pflanzen stammen aus Lateinamerika. Von Peru aus, so berichtet die *Ökologische Flora der Niederlande*, gelangten sie in die botanischen Gärten von Madrid und Paris. Durch deutsche Pflanzenforscher, die Samen mitnahmen, landeten sie in den Gartenbaubetrieben unserer östlichen Nachbarn. Dort verwilderten sie, breiteten sich gen Westen aus, und 1863 wurde Knopfkraut in Harderwijk entdeckt.

Die Folge ist, dass ich nun ein Problem habe. Und nicht nur ich. Es war sehr tröstlich, als ich am 20. August in einem Artikel des *NRC Handelsblad* das folgende Zitat der Slawistin Eva den Hartog las: »Stundenlang liege ich auf den Knien und jäte Unkraut, Reihe für Reihe. Abends falle ich in Schlaf und habe das Knopfkraut noch zwischen den Fingern.« Liebe Eva, ich hoffe, dass du das Knopfkraut rigoros aus deinem Garten entfernst, denn sonst hat Jäten wenig Sinn! Zwischen deinen Fingern wächst es jedenfalls einfach weiter, darauf kannst du dich verlassen.

Bei mir landet, begleitet von den schlimmsten Flüchen, all das ausgerissene Knopfkraut in einer Komposttonne. Deckel drauf, sodass kein Licht hineinfällt. Selbst dann ist es nach drei Tagen noch quicklebendig. Erst nach einer Woche fängt es an, allmählich abzusterben. Meistens werfe ich zur Sicherheit ein paar Lagen Pferdemist darauf.

Aber es gibt, so hartnäckig, unausrottbar und unbe-

siegbar das Knopfkraut auch sein mag, einen großen
Trost. Es ist überempfindlich gegen Kälte. Beim ersten
Anflug von Nachtfrost im Herbst verwandelt sich die gesamte schwindelerregende Knopfkrautpopulation, die
dein ehemaliges Kartoffelbeet bis in die hintersten Win-
kel besetzt hat, von dem einen auf den anderen Tag in
trostlose Pflänzchen, deren sonst so stolze grüne Blätter
traurig herabhängen. Außerdem sind die Blätter nun
dunkelgrün verfärbt und halb verschrumpelt, und noch
einen Tag später sind sie zu grünem Schleim geworden.
Es ist erstaunlich zu beobachten, dass eine Pflanze, gegen die Zertreten, Harken, Ausreißen und wahrscheinlich auch Verbrennen nichts ausrichten kann, so extrem
empfindlich gegen Nachtfrost ist.

Während ich dies schreibe, fällt mein Blick hinaus in
meinen verregneten Garten. Wohin ich auch schaue, ich
sehe Knopfkraut. Den erbitterten Kampf, den ich den
ganzen Sommer über dagegen geführt habe, habe ich
längst verloren. Doch all das Knopfkraut, das dort noch
so keck wuchert und unbekümmert Samen produziert,
weiß nicht, dass mein geheimer Bundesgenosse bereits
im Anmarsch ist. Ein einfacher leichter Nachtfrost, und
ich bin dieses erstaunliche, bewundernswerte Unkraut
wieder für vier Monate los!

Monsun

Anfang Juni 1966 machte ich mit Eduard Bomhoff Urlaub in England. Während wir an der Themse entlangspazierten und hitzig über den Heidelberger Katechismus diskutierten, wurden wir durch heftige Platzregen abgekühlt. Noch heute erinnere ich mich an die gewaltigen dunkelgrauen Wolkenschiffe, die sich, geradewegs vom Atlantik her heranstürmend, in »England's green and pleasant lands« über der Themse wie riesige Hunde schüttelten. Wir wurden nass bis auf die Knochen.

Die furchtbaren Regenwochen sind tief in meinem Gedächtnis verankert. Nach diesem Sturzregenurlaub teilte Bomhoff mir mit, er habe während unserer Regenwanderungen feststellen müssen, dass ich ungläubig geworden sei. Von christlicher Nächstenliebe erfüllt, gab er mir damals zu verstehen, dass, was ihn angehe, leider »keine Opfer mehr auf dem Altar der Freundschaft gebracht werden« könnten.

Hinzu kommt, dass ich, seit ich auf dem Klei wohne, gefühliger für Niederschlag geworden bin. Auf Klei ist ein trockener Sommer eine Wohltat und ein nasser eine Katastrophe. Die Erfahrung hat mich inzwischen gelehrt, dass nahezu jedes Jahr in den ersten Juniwochen der Wetterbericht fast täglich lautet: »Erst Sturzregen, dann Wolkenbrüche, danach kräftige Schauer, die immer wieder von starkem Niederschlag unterbrochen werden.«

1997 wurde dieses immer wiederkehrende Wettergeschehen am ersten Samstag im Juni von einem unglaublichen Gewitter eingeläutet. Dabei kamen Surfer ums Leben, und in Leiden wurde ein kompletter Wochenendmarkt weggeweht. 1998 war eine beinahe exakte Kopie des Vorjahrs. Wiederum begann alles am ersten Junisamstag mit einem gewittrigen Hagelschauer mit Hagelkörnern, die so groß wie eine Babyfaust waren. Aber es gab einen Unterschied zum Juni 1997: 1998 hatte es im Frühjahr so viel geregnet, dass man den Klei nicht einmal mehr fräsen konnte. Anschließend hatte es seit Anfang Juni derart erbarmungslos gegossen, dass die Weiden rund um mein Haus sich in spiegelnde Seen verwandelten. In den Nestern der Uferschnepfen brüteten Teichhühner.

Während der ersten Monate des Jahres 1998 hegte ich noch ein wenig Hoffnung. Ja, die Pflanzkartoffeln waren verfault, und das Saatgut hatte praktisch nicht gekeimt. Aber es hätte nur einer kurzen Zeit des Sonnenscheins bedurft, und ich hätte wieder fräsen und mich mit frischem Saatgut erneut an die Arbeit machen können. Wie unangebracht mein Optimismus war, hat sich später gezeigt! Stach man einen Spaten in den Klei, dann strömte sofort Wasser in die entstandene Furche. In all den Jahren, die ich schon auf dem Klei wohnte, war es noch nie so sumpfig gewesen.

Ich denke, wir haben allen Grund, dieses immer wiederkehrende Wettergeschehen in den ersten Juniwochen als westeuropäischen Monsun zu bezeichnen. Irgendwann habe ich diesen hübschen, halb im Scherz gemeinten Ausdruck in der Zeitung gelesen. Leider ist nichts Lustiges daran – ab Anfang Juni herrscht in Westeuropa schlicht und einfach rund drei Wochen lang ein echter Monsun. Hat man dies einmal erkannt, kann man sich auch besser darauf einstellen.

Nun ja, drauf einstellen – mir war bereits im Juni 1998 klar, dass es schlimm um die Ernte stand. Im schweren Klei der Insel Tholen waren, wie sich zeigte, nicht nur alle Kartoffeln vollkommen verfault, sie waren außerdem noch von einem Schimmelpilz befallen. Weil man den durchweichten Kleiboden nicht mehr mit schweren Traktoren befahren konnte, war Spritzen nicht mehr möglich. Es sei denn, die Behörden hätten das Verbot, Spritzflugzeuge einzusetzen, wieder aufgehoben. Aber das taten sie nicht.

Einerseits war es natürlich lobenswert, dass unseren Knollen die Möglichkeit genommen wurde, zu Giftknollen zu werden, aber weil auch die biologisch und biologisch-dynamisch angebauten Kartoffeln im Klei verfaulten und dieser Schimmelpilz leicht auf die Sandböden übergreifen konnte, stand die gesamte Kartoffelernte auf der Kippe. Der Kartoffelhasser und Diätspezialist Montignac lachte sich ins Fäustchen!

Mir ist das Lachen damals durchaus vergangen. Die Hoffnung, in diesem Jahr auch nur irgendwas ernten zu können, habe ich damals aufgegeben. Nichts wollte mehr keimen, wachsen oder reifen. Nur die blassen Pflanzen, die ich in primitiven Kästen oder unter Glas gesät und gepflanzt hatte, konnten geerntet werden. Es gab einen Trost: Selbst die Gärtner des Landes mit Sandböden fingen jetzt an, sich über den vielen Niederschlag zu beklagen. Und es gab noch einen zweiten Trost: Die unterirdischen Gänge der Maulwurfsgrille konnten das Wasser nicht mehr richtig abführen und waren daher geflutet. Probleme mit Maulwurfsgrillen habe ich in diesem Katastrophenjahr nicht gehabt.

Doch die Erdbeeren hatten an ihren Sträuchern das herrliche Stadium zwischen Grün und Rot übersprungen. Sie wurden nicht rot, sondern gleich dunkelbraun. Sogar die Kröten und Frösche, die sich sonst so genüsslich an den Erdbeeren gütlich tun, mochten sie nicht fressen. Die Kartoffel- und Gemüsepreise stiegen in ungeahnte Höhen. Spinat war unbezahlbar.

Mangold

Während ich durch meinen Sumpf watete und auf mein armseliges Gemüse starrte, erinnerte ich mich daran, dass ich in einer Gartenzeitschrift einen Lobgesang auf Mangold gelesen hatte. War dies möglicherweise der letzte Strohhalm? Würde ich auf meinem versumpften Kleiacker Mangold anbauen können? Oder würden die Schnecken auch damit kurzen Prozess machen? In einem biologisch-dynamischen Laden kaufte ich Mangold-samen von De Bolster. An einem Sonntagmorgen säte ich ihn. Ich säe und pflanze alles am Sonntag, weil ich festge-stellt habe, dass alles, was man am durchlauchtigen Tag des Herrn dem Kleiboden anvertraut, reich gesegnet wird und üppig sprießt. Es gibt keinen besseren Arbeits-tag als den Sonntag!

Kaum hatte ich den Stielmangold gesät, schoss er auch schon zur Erde hinaus. Der Monsunregen küm-merte ihn nicht. Die Nacktschnecken hielten sich von ihm fern. Schon nach ein paar Wochen konnte ich die grünen Blätter ernten. Irgendwann habe ich im *NRC Handelsblad* ein köstliches Rezept von Anna Scheepmaker für Spinatfrittata gefunden. Nun, ich bereitete kurzerhand Mangoldfrittata zu, und das erwies sich als ein wahrhaft köstliches Gericht!

Währenddessen wuchs der Mangold schon wieder munter weiter. Eine Woche später konnte ich erneut ernten und wieder Mangoldfrittata zubereiten! Dieser Sommer ist vielleicht nicht gerettet, doch um die dunkle Wolke herum leuchtet dennoch ein goldener Mangoldrand. Einmal pro Woche kann ich jedenfalls Mangold essen. Der Hungertod ist abgewendet.

Es ist seltsam, dass das Gemüse Mangold in den Niederlanden so in Misskredit geraten ist. Man kann hier nicht in den Supermarkt gehen und Mangold kaufen. »Mangold und vor allem Melde wurden vollkommen vom Spinat verdrängt«, bestätigen auch Buishand und Houwing in ihrem Buch *Besonderes altes und neues Gemüse in Garten und Küche*. Es ist verständlich, denn der Geschmack von Spinat ist ein klein wenig feiner, zarter, subtiler. Im Geschmack von Mangold verbirgt sich weit hinten etwas Bitteres. Das wird der Grund dafür sein, warum die Schnecken die Pflanze meiden. Doch mein Vater sagte immer: »Bitter im Mund, ist für das Herz gesund.« Ein Grund mehr also, Mangold zu essen!

Mangold wird in England auch »poor man's spinach« genannt, doch in Anbetracht der Tatsache, dass er sich viel leichter anbauen lässt als Spinat, finde ich es trotzdem unbegreiflich, dass man ihn offenbar nirgendwo kaufen kann. Vielleicht ist er schlecht haltbar und wird deshalb nirgends angeboten. Oder sollte es einen anderen Grund geben? Als ich ganz beiläufig in ein paar Gemüseläden nach Mangold fragte, wurde er ein paarmal abfällig als Armeleutegemüse bezeichnet. Mag sein, aber wenigstens wächst er auch in verregneten Sommern. Und im Kochbuch von Marcella Hazan (*Die schönsten italienischen Rezepte*) las ich: »Von allem grünen Gemüse regt Mangold die erfindungsreiche Fantasie der italienischen Köche am meisten an. Die Blätter können für Füllungen in Pasta, Fleisch oder Fisch verwendet werden; man kann sie für einen warmen Salat mit einem Dressing aus Öl, Salz, Pfeffer und einem Spritzer Zitronensaft kochen, oder man isst sie gedünstet wie Spinat. Die süßlich schmeckenden Stiele eignen sich vorzüglich zum Braten, oder man verarbeitet sie in gratinierten Gerichten.«

Möchte man Hazans Rezept für gedünstete Mangoldstiele in Olivenöl und Knoblauch zubereiten, dann muss man außer dem normalen grünen Rippenmangold auch den sogenannten gelben Weißrippigen oder die Varietät »Lucullus« anbauen. Auch diese Sorten, so habe ich inzwischen festgestellt, schießen schnell aus dem Klei und bilden große Blätter mit langen, kräftigen Stielen. Die Stiele kann man, wie Stangensellerie, in Stücke schneiden und kurz mit Sesamkörnern und Knoblauch braten. Ich könnte mir denken, dass diese Mangoldsorte mit kräftigen Stielen besser haltbar sein könnte als der normale Rippenmangold. Zumindest er dürfte daher in den Gemüsegeschäften nicht fehlen.

Wer löst für mich das Mangoldrätsel? Warum ist dieses Gemüse nirgendwo zu bekommen? Und das, obwohl ein altniederländisches Sprichwort sagt: »Mit Roggenbrot und Mangoldstängel gedeihen selbst die dümmsten Bengel.« Vor einiger Zeit wurde die Vollendung des *Wörterbuchs der niederländischen Sprache* groß gefeiert. Nun, in der CD-ROM-Version dieses Wörterbuchs schaute ich nach, ob dieser Vers unter dem Stichwort »Mangold« zu finden ist. Wie groß war meine Verwunderung, als sich zeigte, dass das niederländische Wort für »Mangold« in diesem Wörterbuch fehlt! Wie merkwürdig! Besser kann die seltsame Hintansetzung und unberechtigte Vernachlässigung dieses schmackhaften und an unser Klima so gut angepassten Gemüses nicht illustriert werden.

Das Katastrophenjahr
auf dem Klei

Das Katastrophenjahr auf dem Klei. So wird 1998 in die Geschichte eingehen. Schon vor Weihnachten 1997 hatte ich meinen Garten umgegraben. Sinkt dann nach Neujahr die Temperatur unter null, dann lockert sich der Klei durch den Frost. 1998 fror es jedoch kaum. Der Klei blieb kompakt. Und nach dem milden Winter regnete es im Frühjahr fast ununterbrochen. Mein Garten ähnelte im Laufe der Zeit immer mehr einem Sumpf. Solange der Boden mit Wasser durchtränkt war, konnte ich es mir aus dem Kopf schlagen, mit dem Fräsen zu beginnen. Jeden Tag hoffte ich auf eine längere Trockenperiode, damit ich mit meiner Valpadana-Fräse den Boden auflockern konnte. Das Fräsen ist übrigens eine schwere und höchst unangenehme Arbeit. Schon das Starten des Valpadana ist eine regelrechte Kunst. Man muss den Motor mit einer Schnur anziehen. Wenn mir das endlich gelungen ist, bin ich bereits todmüde, doch dann beginnt ja erst die eigentliche Arbeit. Aber ich erinnere mich noch gut daran, dass mein Vater, als er noch Gärtner war, auch immer mit der Fräsmaschine im Clinch lag.

Ab dem 10. Mai rollte plötzlich, wie 1947, eine Hitzewelle heran, die ein paar Tage währte. Die oberste Bodenschicht trocknete rasend schnell. Besser gesagt: Sie wurde, wie Ton, zu einer festen, irdenen Substanz gebrannt. Umgehend setzte ich meine Fräse in Gang, aber es war eigentlich bereits zu spät. Die Fräse zerschlug die gebrannte Oberfläche zu tennisballgroßen, steinharten Klumpen. Darunter erstreckte sich eine immer noch feuchte Schicht, die nicht weiter getrocknet war, weil die undurchdringliche, glasharte Deckschicht das Ganze perfekt abgedichtet hatte. Hier und da zeigten sich sogar schon Risse in der Erde. Und in diesen Rissen versteckten sich tagsüber die Schnecken. Die Folgen all dieser Entwicklungen waren verheerend. Die Frühkartoffeln, Mitte März unter großen Mühen in den feuchten Klei gepflanzt, waren in der Erde verfault. Kaum eine Pflanze zeigte sich. Das Saatgut von Winter- und Sommermöhren war ebenfalls nur hier und da aufgegangen. Die festgebackene Kleischicht war nämlich undurchdringlich, sodass keine Pflanze, die gleich darunter keimte, hindurchstoßen konnte. Der frühe Spinat war wunderbarerweise dennoch gewachsen, hatte aber in dem unangenehmen, kalten Regen wochenlang »vor sich hingekümmert«, wie mein Vater das früher immer nannte – die Pflanze wächst dann nicht, die Blätter bleiben klein –, und als es dann plötzlich heiß wurde, hat er sofort Samen entwickelt, oder, wie es im Gärtnerjargon heißt, er ist »geschossen«. Man kann ihn dann nicht mehr ernten und essen.

Weil es im Winter 1997/98 kaum gefroren hatte, hatten die Schnecken massenhaft überlebt. Der dann folgende Frühlingsregen hatte sie in Watte gepackt, und so kam es, dass es im Frühsommer 1998 nur so wimmelte von diesen schleimigen Kreaturen. Setzte man eine Salatpflanze, dann durfte man froh sein, wenn man am nächsten Morgen noch einen dürren, kahl gefressenen Blattnerv fand. Es war unglaublich, wie die Schnecken unter den Jungpflanzen wüteten. Auch die Spitzkohl- und Brokkolisetzlinge wurden über Nacht mitleidlos bis knapp über dem Boden abgefressen. Nur die jungen Endivienpflanzen verschonten sie, und die Folge war, dass ich zwei Monate lang jeden zweiten Tag Endivien aß. Vielleicht finden Schnecken Endivien zu bitter, denn das finde ich sie eigentlich auch. Aber was sollte ich sonst machen? Das Dreckszeug aus den Supermärkten essen? Ich darf gar nicht daran denken.

Und wie ging es weiter? Ab Mitte Mai war es trocken. Der Boden, den ich gefräst hatte, bestand aus einer zehn Zentimeter dicken Schicht aus kinderfaustgroßen, steinharten Brocken, mit denen man eine Fensterscheibe einwerfen und die man nur mit einem Vorschlaghammer zertrümmern konnte. In einen solchen Boden kann man selbstverständlich nichts säen oder pflanzen. Es wuchs, und das war Glück im Unglück, nicht einmal Unkraut. Weil ich, als es so heiß war, von rasch keimenden Hülsenfrüchten träumte, habe ich ein paar Buschbohnen gepflanzt. Ich habe die Erdbrocken beiseitegeschoben und die so entstandene kleine Grube mit altem, lockerem Kompost gefüllt. Dahinein habe ich die Bohnen gesteckt, und ein paar haben sich tatsächlich entwickelt.

Jetzt hieß es, auf einen milden Frühlingsregen warten. Sobald die steinharten Brocken wieder einigermaßen feucht sind, fallen sie für gewöhnlich leicht auseinander, wenn man nochmals mit der Fräsmaschine über sie hinwegfährt. Doch wie in jedem Jahr gab es im Juni keinen sanften Regen, sondern es kam gleich der westeuropäische Monsun.

Und während der Mensch so auf dem Klei von einer Katastrophe in die nächste schliddert, radelt er Tag für Tag an Parzellen mit Sandboden vorüber, auf denen alles wächst und gedeiht. Warum nur gibt es so viel Ungerechtigkeit auf der Welt?

Die grüne Übermacht

Auch im Jahr 2000 war es nicht besser. Schon zu Beginn des Frühjahrs ging es los. Auf eine außergewöhnlich nasse Zeit folgte plötzlich, Mitte Mai, eine tropische Hitzewelle. Am 13. Mai meinte SE Fireworks in Enschede, da noch eine Schippe drauflegen zu müssen, doch auch im Rest des Landes war es glühend heiß. Der pitschnasse Klei wurde wie in einem Brennofen gebacken und war danach nicht zu bearbeiten. Dennoch gelang es mir, nach langem Hacken und Zerkleinern ein paar Dicke Bohnen zu pflanzen. Sobald diese jedoch keimten und ihre ersten grünen Triebe aus dem Boden streckten, kamen die Wildtauben. Sie zogen die kleinen Pflanzen der Reihe nach aus der Erde und fraßen sie auf. Exeunt Dicke Bohnen. Meine Erbsen wuchsen kaum in dem steinhart gebrannten Boden. Was schließlich doch wuchs und sich entwickelte, landete in den Vogelmägen. Die Amseln öffneten die Schoten und pickten die jungen

Erbsen heraus. Kapuzinererbsen habe ich überhaupt nicht gesehen, sie kamen gar nicht erst aus dem Boden. Und auch der köstliche, zarte Spitzkohl, ansonsten stets der größte Trost an kalten, windigen Frühjahrstagen, wollte nicht wachsen. Nur aus meinen Pflanzkästen konnte ich ein paar kinderfaustgroße Spitzkohle ernten. Später habe ich noch ein paar Weißkohle gepflanzt. Sie wuchsen, vermieden es jedoch, den Anschein echten Kohls zu erwecken.

Aufgrund des merkwürdigen Wetters – mal war es außergewöhnlich warm, dann wieder hätte man meinen können, der Winter sei angebrochen – geriet der Spinat vollkommen in Verwirrung. Er schoss aus dem Boden und entwickelte sofort Samen. Dennoch habe ich tatsächlich einmal herrlich zarten Frühlingsspinat essen dürfen. Er ist und bleibt das mit Abstand leckerste Gemüse.

Besser erging es dem Mangold. In seinem wunderbaren Buch *Das Jahrhundert meines Vaters* erwähnt Geert Mak den Anbau von »Mangolds«. Doch dies ist ein seltsamer Sprachgebrauch. Man spricht doch auch nicht von Spinaten. Mangold ist ein Blattgemüse, man verwendet das Wort nicht in der Mehrzahl. Wie dem auch sei, Mangold, der Trost des Hobbygärtners, wuchs trotz Geert Mak und der seltsamen Witterungsbedingungen hervorragend, und schon seit Mai essen wir den einen Tag Mangoldquiche, am nächsten Tag Mangoldmus, am Tag darauf Mangoldsuppe und am Wochenende Mangoldkompott. Infolgedessen sind wir inzwischen schon recht grün.

Die Salatpflanzen, die ich setzte, wurden sofort von den Schnecken verputzt. Und mit dem, was die Schnecken übrig ließen, machte die Maulwurfsgrille unterirdisch kurzen Prozess. Soweit die gepflanzten Brechbohnen überhaupt hervorsprossen, wuchsen sie in diesem irrsinnig kalten Juli ganz und gar nicht. Während man in anderen Jahren am französischen Nationalfeiertag die ersten Brechbohnen essen kann, haben sie sich bisher nicht auf meinem Teller blicken lassen. Aus den Sommermöhren ist überhaupt nichts geworden, und das Grün der Wintermöhren hängt schlapp zwischen schmächtigen Zwiebeln im Beet.

Liegt vielleicht ein Fluch auf dem Jahr 2000? Oder, schlimmer noch, auf dem neuen Jahrhundert? Merkwürdig ist, dass das Unkraut üppiger wuchert denn je. In meinem Garten gibt es dreieinhalb Meter hohe Brennnesseln. Die Brombeersträucher sind regelrecht explodiert; einige Teile meines Gartens sind durch junge Ranken gar nicht mehr zu sehen. Wenn man sich vor die Ranken stellt, kann man ihnen beim Wachsen zusehen. Auch die Zaunwinde scheint sehr in ihrem Element zu sein. Überall tauchen die zarten Blüten auf, die ich als Kind so hübsch fand und deren Anblick mir heute beinahe einen Herzstillstand beschert.

So groß die Übermacht von Brombeere, Brennnessel, Klebkraut und Zaunwinde auch sein mag, seit Mitte Mai erfreue ich mich dennoch am Anblick meiner Kartoffeln. Das Jahr mag insgesamt mies gewesen sein, meine

Kartoffeln wuchsen fantastisch. Herrlich dunkelgrünes Kraut, außergewöhnlich schöne lilafarbene, süß duftende Blüten und riesige Pflanzen, die es mühelos mit den Brennnesseln und dem behaarten Knopfkraut aufnehmen konnten. Doch was passiert Ende Juli? Von dem einen auf den anderen Tag ist das Kartoffelkraut plötzlich von dem gefürchteten Pilz befallen, der die Blätter erst auf der Unterseite weiß färbt und sie dann schmutzigbraun werden lässt. Und wenn der Pilz einmal das Kraut befallen hat, breitet er sich anschließend auch auf die Knollen im Boden aus. Kurzum: Kartoffelfäule. Wie aus heiterem Himmel, innerhalb von vierundzwanzig Stunden, in Nullkommanichts verwandelte sich das gesamte Kraut von Dunkelgrün in Tabakbraun. Wie ist das nur möglich?

Ob es auf anderen Böden auch solch ein Katastrophenjahr ist? Oder liegt es daran, dass der Klei im Mai so steinhart gebrannt wurde? Nach der Katastrophe in Enschede ist es auf dem Klei nicht wieder besser geworden. In diesem Sommer haben wir vor der grünen Übermacht kapitulieren müssen.

Respekt

Wie jedes Jahr luden wir unseren Ziegenbock Jozef auch am ersten Weihnachtstag des Jahres 2001 ein, mit uns das festliche Mittagsmahl zu teilen. Wir ziehen ihm dann dicke, von mir persönlich auf Maß gestrickte Socken an, damit das Parkett nicht allzu sehr beschädigt wird und auch die Tische nicht darunter leiden, wenn er unerwartet draufspringt. Während wir uns an Quinoa laben – wie lecker ist doch dieses Pseudogetreide der Inkas –, bekommt er, denn Quinoa mag er nicht, einen großen Teller mit all den Kartoffeln, die zum Schälen zu klein waren und daher in der Kartoffelgrube liegen geblieben sind. Er ist verrückt nach diesen kleinen Knollen. Stück für Stück nimmt er sie mit seinen dünnen Lippen vom Teller und verleibt sie sich – schnurps, schnurps – ein.

Während er sich also an seinem festlichen Weihnachtsmahl gütlich tat, schalteten wir den Fernseher ein. Die Weihnachtsansprache unserer Königin. Eilig verputzte unser Jozef die letzten Kartoffeln und bezog dann kurz vor dem Fernseher Position. Aufmerksam verfolgte er die Rede. Ab und zu ließ er ein leises Stöhnen hören, und hin und wieder meckerte er böse. Es war ganz offensichtlich, dass die Ansprache ihm nicht gefiel. Es ist schwierig, die Sprache der Ziegenböcke zu übersetzen, doch im Laufe der Jahre habe ich so viel Erfahrung gesammelt, dass ich den Versuch wagen darf zu formulieren, was er gegen die Rede unserer Landesfürstin vorzubringen hatte. Bei der Passage »Das menschliche Leben ist sehr verletzlich« knurrte er zum Beispiel. »Und was ist mit dem tierischen Leben«, fragte er sich ganz zweifellos, »wie verhält es sich damit? Eine Viertelmillion meiner Artgenossen wurde aus rein wirtschaftlichen Gründen brutal abgeschlachtet und anschließend wie Wegwerfartikel zur Abdeckerei gebracht.«

Bald darauf kratzte er wütend mit dem Huf auf dem Parkett bei den Worten: »Respekt vor der Heiligkeit des menschlichen Lebens ist der Eckstein jeder religiösen Moral.« – »Und wie steht es um den Respekt vor der Heiligkeit des tierischen Lebens? Wird daran kein Gedanke verschwendet? Haben wir es hier mit einem Denken zu tun, das exklusiv nur eine Art in Betracht zieht? Ist Ehrfurcht vor dem Leben nur den Menschen untereinander vorbehalten? Müsste man sich nicht, wenn man vom ›fanatischen Hass und der vernichtenden Kraft des Bösen‹, die die westliche Welt in diesem Jahr getroffen haben, spricht, erst einmal an die eigene Nase fassen und darauf hinweisen, dass ein Anschlag wie der auf das World Trade Center, so schrecklich er auch ist, im Nichts versinkt, angesichts dessen, was in England und den Niederlanden den Paarhufigen angetan wurde? Da kann man wirklich von einem vollkommenen Mangel an Respekt vor der Heiligkeit allen Lebens sprechen. Nein, von fanatischem Hass und der vernichtenden Kraft des Bösen kann man nicht einmal reden, es ist noch viel schlimmer. Einzig aus finanziellen Gründen wurde in den Niederlanden kaltblütig eine Viertelmillion Tiere abgeschlachtet, um eine alles andere als tödliche Viehseuche zu bekämpfen. Kein Hass, sondern kühle Berechnung und eiskaltes Gewinnstreben lag diesem Massenmord an den Tieren zugrunde, der in England und in den Niederlanden beispiellos ist.«

Im weiteren Verlauf der Rede wurde Jozef wütend. Die Königin sagte: »Wenn es um die Prinzipien geht, die ein friedliches Zusammenleben möglich machen, darf es keine Gleichgültigkeit geben.« – »Friedliches Zusammenleben, dass ich nicht lache. Wenn es den Menschen Vorteile bringt, werden wir massenhaft gekeult, und das lässt fast alle kalt. Es darf keine Gleichgültigkeit geben? Ach, red doch nicht! Wer spricht denn noch von den Hochlandrindern, die derart stümperhaft mit Karabinern umgebracht wurden, dass sie noch stundenlang leiden mussten?«

Noch wütender wurde Jozef, als er die Königin sagen hörte: »Sicherheit findet der Mensch in der Gemeinschaft mit anderen.« Er meckerte laut und sah mich an. »Und was ist mit uns? Wo finden wir Sicherheit? Wenn morgen hier in der Gegend die Maul- und Klauenseuche ausbricht, kannst nicht einmal du mich beschützen, dann musst selbst du machtlos zusehen, wie die Kerle vom Amt zur Vernichtung des Viehbestands mich mit einer Spritze ins Jenseits befördern.« – »Nein, nein«, erwiderte ich, »das wird nicht einfach so passieren. Ich habe allerlei Vorkehrungen getroffen, damit du im Fall des Falles untertauchen kannst. Über die Entwässerungsgräben im Polder kann ich dich mit einem Ruderboot unbeobachtet wegbringen, und du bist klein genug, um dich auf der Rückbank eines Autos in ein Gebiet zu bringen, wo noch keine MKS herrscht.« Man konnte genau sehen, was er dachte: Und was ist mit den Kühen auf der Wiese nebenan? Die kannst du nicht einfach wegbringen, die gehen unweigerlich drauf.

Merkwürdig, so eine Rede, in der jeder Hinweis darauf fehlt, dass es außer dem Menschen noch andere Wesen auf der Welt gibt, die sich nach Sicherheit sehnen.

Nacktschnecken

Auf dem Kleiboden ist die Lage inzwischen *beyond repair*. Mein Garten ist ein einziger Sumpf. So ziemlich das Einzige, was ich noch anbauen kann, ist Sumpfkresse. Laut Buishand und Houwing (*Besonderes altes und neues Gemüse in Garten und Küche*) ist »der beste Ort für den Anbau von Sumpfkresse ein klarer Bach«. An solchen Bächen mangelt es sogar auf dem Kleiboden nicht. Tagtäglich fallen sie senkrecht vom Himmel, um dann horizontal durch meinen Garten zum Wassergraben zu strömen.

Leider erweist sich auch die Sumpfkresse nicht gegen Nacktschnecken gefeit. Und davon gibt es, dank des milden Winters, des übermäßigen Regens danach und des aktuellen Monsuns, Zehntausende. Und wie groß sie sind! Manchmal sieht man eine zwischen den Schwertlilien nach oben kriechen, deren monströser Anblick einen zu Tode erschreckt. Eine Schlange, ist der erste Gedanke.

Alle Mittel, die Schnecken zu bekämpfen, erweisen sich als ungeeignet. Gewiss, man kann, wenn es dunkel wird oder ein Gewitter droht und die Schnecken massenhaft zum Vorschein kommen, in den Garten gehen und sie mit einem kleinen Beil Stück für Stück mittendurch hacken. Doch wenn man dann nach einer Viertelstunde fünfzig umgebracht hat und dennoch Hunderte herumkriechen sieht, dann überfällt einen das Gefühl großer Mutlosigkeit.

Man kann auch abends halb volle Bierflaschen eingraben. Die sind am nächsten Morgen bis zum Hals mit sterbenden Schnecken gefüllt. Doch selbst wenn man auf diese Weise hundert fängt, so entgehen doch tausend dem Tanz. Außerdem ist es grausam, die Schnecken einen langsamen Tod durch Ertrinken in schalem Bier sterben zu lassen.

Auch der gute Rat, den John Seymour in seinem Buch *Selbstversorgung aus dem Garten* gibt (die beste Methode, Schnecken zu töten, sei, sie einfach zu zertreten, was jedoch in seinen Augen eine Verschwendung wäre: Man könne die Schnecken auch essen und so Gewinn ziehen aus etwas, das zuerst eine Plage gewesen sei), verfehlt hoffnungslos sein Ziel. Es gibt so viele Schnecken, dass man selbst dann, wenn man sie zum Frühstück, zu Mittag und zu Abend äße, nur einen Bruchteil beseitigen würde. Wenn ich nachts aufwache, höre ich das laute Schmatzen von Igeln, die sich ein Diner mit mindestens drei Gängen Schnecken gönnen. Doch auch diese Schleckermäuler können das übergroße Angebot nur dezimieren.

Man muss also das Ganze vom anderen Ende her angehen. Anstatt die Schnecken zu bekämpfen, muss man die letzten Pflanzen beschützen. Als von meinen zehn Sellerieknollen bereits drei vernichtet waren, kam ich auf den Gedanken, die sieben verbliebenen mit einer dünnen Schicht aus feinen Muschelscherben zu umgeben. Und siehe da: Die Schnecken haben zwar noch versucht, sie zu erreichen, aber ihr Schleimfuß wurde beim Überqueren des Grusrings so stark beschädigt, dass sie unter schrecklichen Verrenkungen auf den Muschelsplittern niedersanken. Leider ist feiner Muschelgrus, den man in Zoohandlungen kaufen kann, recht teuer, und daher habe ich stattdessen einen Sack Katzenstreu gekauft. Damit habe ich einen Riesenring um meine letzten Spitzkohle, meine übrig gebliebenen Brokkolipflanzen und meine angefressenen Brechbohnen gestreut. Und tatsächlich, es funktioniert. Die Schnecken kriechen zwar auf die Katzenstreu, kommen aber stets auf halber Strecke mit einem beschädigten Schleimfuß zum Stillstand.

Es ist überhaupt nicht meine Art, so rigoros gegen eine Tierart vorzugehen, und ich halte Nacktschnecken für wunderbare Organismen. In der Schneckenliteratur werden sie leider stiefmütterlich behandelt. In Standardwerken wie Band 3 (»Weichtiere und Stachelhäuter«) von Grzimeks *Tierleben* oder *Elseviers Schneckenführer* findet man erstaunlich wenig über sie. Im Grzimek werden zwei unterschiedliche Arten, die Große Rote Wegschnecke (*Arion rufus*) und die Große Schwarze Wegschnecke (*Arion ater*) beschrieben, während *Elseviers Schneckenführer* zu *Arion ater* vermerkt: »Synonym: *Arion Rufus*«. Ach, die Variabilität innerhalb dieser Art, oder dieser beiden Arten, ist so groß – sie können schwarz, grau, rot, gelblich, orange, braun, grünlich und sogar hellviolett sein –, dass es besonders schwierig ist, sie korrekt zu bestimmen.

Weil echte Schneckenliebhaber fast immer schon von Kindesbeinen an wild auf Schnecken mit richtigen Häuschen waren, gibt es kaum jemanden, der sich das Schicksal der Nacktschnecken zu Herzen nimmt oder sich berufen fühlt, sie eingehend zu studieren. Vielleicht sollte ich aus der Not eine Tugend machen und meinen alten Beruf wieder aufnehmen. Ethologische Forschungen an der Nacktschnecke! Dann wäre mir jeder Gärtner zu Dank verpflichtet! Um eine Tierart zu erforschen, muss man sie jedoch auch lieben. Dabei tut es so weh, von den jungen Salat- oder Brokkolipflanzen, die man gesetzt hat, am nächsten Morgen nur noch ein paar spillerige Blattnerven zu finden. Und deshalb versuche ich, so gut es geht, die Nacktschnecken aus meinen jungen Pflanzenbeeten fernzuhalten. Was diesen Sommer gar nicht einfach ist, denn der Regen fällt in einem fort.

Neuseeländer Spinat

Als Kind hatte ich eine tiefe Abneigung gegen Spinat. Bei uns zu Hause wurde er »Glibber« genannt. Bis weit in meine Flegeljahre bekam ich keinen Glibber runter. Vielleicht kochte meine Mutter ihn zu lange. Als Kind erinnerte mich Spinat immer an einen breiigen Kuhfladen.

Offenbar hat sich mein Geschmack tiefgreifend verändert. Heute ist Spinat für mich das mit Abstand leckerste Gemüse. Ihn säe ich im Frühjahr als Allererstes in meine Warmbeete. Dort entwickelt er sich immer gut. Hat man einen warmen Frühling mit abwechselnd Sonnenschein und Regen, dann wächst er auch draußen ordentlich. Doch oft kümmert er vor sich hin oder aber schießt sogleich. Außerdem laugt Spinat den Boden derart aus, dass anschließend nichts anderes mehr wächst. Im Sommer hat es überhaupt keinen Sinn, Spinat anzubauen. Kommt er dann aus dem Boden, fängt er sofort an zu blühen. Im Herbst kann man ihn wieder säen, doch

Herbstspinat, so lehrt die Erfahrung, hat nicht den zarten, köstlichen Geschmack von Frühlingsspinat.

Mangold ist eine hervorragende Alternative, doch sein Geschmack ist nicht so subtil wie der von Spinat. Entfernt schmeckt man etwas Bitteres. Auch liegt er nicht so samtig auf der Zunge.

Was also habe ich 1997 gemacht? Ich bestellte bei De Bolster Samen von Neuseeländer Spinat. Gleich nachdem die großen Samen angekommen waren, habe ich sie gesät, und dabei machte ich sofort zwei Fehler. Erstens muss man die Samen einen halben Tag lang in Wasser einweichen. Und zweitens kann man sie besser in kleine Töpfe säen und diese ins Warmbeet stellen.

Trotz meiner Fehler hatte ich Glück. Mein Klei war noch so feucht, dass er das unterlassene halbtägige Einweichen kompensierte. Und gleich nach der Aussaat wurde es angenehm warm. Es dauerte dennoch rund drei Wochen, bis die ersten Keimblätter erschienen. Weil man die Keimblätter einer zum ersten Mal angebauten Pflanze nicht kennt, kann man sich bei den ersten Trieben nie ganz sicher sein, dass es die gewünschte Pflanze ist. Es kann sich auch immer um dieses oder jenes Unkraut handeln.

Doch die hervorsprießenden Pflanzen ähnelten alle einander, sahen nicht aus wie irgendein Unkraut, das ich kannte, und wirkten erstaunlich selbstbewusst. Schön hellgrün, kräftig, fleischig. Sehr rasch wurden die Pflänzchen größer und schöner. Die Hitzewelle kam, und die

Pflanzen standen lallend und singend in ihrem Beet. Irgendwann waren sie genauso groß wie Spinatpflanzen, auch wenn sie vollkommen anders aussahen. Sollte ich sie jetzt schon ernten? Niemand konnte es mir sagen, denn von meinen Bekannten hatte noch nie jemand Neuseeländer Spinat angebaut. Meine irische Cousine Sarah Hart hatte es zwar versucht, doch bei ihr war aus den Pflanzen nichts geworden.

Meine Pflanzen wurden immer größer und fingen sogar an zu blühen. In den Blattachseln erschienen winzig kleine gelbe Blüten. Bei Buishand und Houwing las ich, dass man die Spitzen und Blätter essen kann. Eines Sonntags habe ich die Spitzen und Blätter geerntet. Anschließend habe ich Anna Scheepmakers Rezept für Spinatfrittata herausgesucht. Ach, wie haben wir geschlemmt! Seitdem esse ich jede Woche einmal Neuseeländer Spinat. Die Pflanzen wachsen einfach immer weiter, man kann immer wieder aufs Neue ernten. Sie schießen nicht, und auch wenn die Pflanze vierzig Zentimeter hoch ist, bleibt sie zart und lecker.

Wie merkwürdig, dass ein Gewächs, das so anders aussieht als der herkömmliche Spinat, dessen Geschmack dennoch so nahe kommt. Neuseeländer Spinat wird in der 19. Auflage meines Bestimmungsbuchs von Heimans, Heinsius und Thijsse noch zu den Portulakgewächsen gerechnet. Mit Portulak hat er jedoch kaum Ähnlichkeit. In der 15. Auflage von Heukels und van Oorstrooms *Flora der Niederlande* wird er den Mittagsblumengewächsen, den Aizooideae, zugerechnet. Leider kommt er in der *Ökologischen Flora der Niederlande* von Weeda nicht vor.

Was Herkunft und Familie angeht, tappe ich also im Dunkeln. In einem Prospekt der Samenhandlung las ich, es handele sich um eine Fettpflanze. Eine Fettpflanze? Dafür kann ich keinen Hinweis entdecken.

Wie der Nährwert ist, ich weiß es nicht. Ob die Pflanze wie der normale Spinat viel Nitrat und Nitrit speichert, ich habe nicht den blassesten Schimmer. Vorerst wage ich es nicht, sie mit Fisch zu kombinieren, obwohl Buishand und Houwing dies empfehlen. Doch eines weiß ich ganz genau: Nächstes Jahr säe ich wieder Neuseeländer Spinat, denn es ist einfach fantastisch, im Sommer einen geschmacklichen Doppelgänger des Spinats anbauen zu können, der nicht schießt!

Umgraben

Mit Angst und Schrecken sehe ich alljährlich dem Monat November entgegen. Sobald die Blätter massenhaft fallen, muss umgegraben werden. Und auf meinem Klei muss noch vor Weihnachten der ganze Gemüsegarten umgegraben sein. Warum vor Weihnachten? Weil es in unserem Land, wie es der sympathische Arzt Colet in dem ausgesprochen schönen Buch *Haus und Himmel* von Monika Sauwer ausdrückt, in der Regel erst nach Weihnachten friert.

Wenn alles vor der Jahreswende umgegraben ist, dann können im Januar und Februar all die nassen Kleibrocken kaputtfrieren. Dann ist nach dem Frost der Boden herrlich locker, und man kann ihn mühelos zerkrümeln.

Doch es ist eine fürchterliche Schufterei, Klei umzugraben. Unter größten Anstrengungen schaffe ich jeden Tag drei lange Reihen. Zwar habe ich vor einigen Jahren von Hanneke einen echten Boskooper Spaten zum Geburtstag bekommen, doch auch mit solch einer einmaligen Schaufel bleibt es ein hartes Stück Arbeit, die feuchten, zähen Schollen zu zerstechen und umzuwenden.

Die größte Gefahr besteht darin, mit dem Rücken eine falsche Bewegung zu machen. Dann bekommt man einen Hexenschuss. Ein passenderes Wort ist kaum denkbar. Der Schmerz schießt in den unteren Rücken, gleich über dem Steißbein, und flammt dort unbarmherzig auf. Man kann nichts mehr machen und muss froh sein, wenn man es noch schafft, krumm gebogen wie eine Hexe ins Haus zu stolpern.

Wenn man mit Hexenschuss im Bett liegt, kann man zwar, um sich zu trösten, zu bedeutenden literarischen Werken greifen, aber man darf nicht erwarten, in irgendeinem preisgekrönten Prosawerk eine Passage über das Umgraben zu finden, die einem wieder Mut macht, denn all die übersensiblen, feingeistigen Literaten haben das natürlich noch nie in ihrem Leben getan. Sie vergießen zur Not Tränen wegen jungen Gemüses, doch man sollte nicht glauben, dass sie vorher den Kleiboden umgegraben und anschließend zerkrümelt haben, um darauf Salat zu säen.

Zum Glück fand ich vor einiger Zeit im Roman *Das Einhorn* von K. Norel eine Passage über das Umgraben, die mich aufmunterte: »Kornelis Sluis stößt immer wieder die blanken Zähne der Grabegabel in den Boden, und seine Arme wenden die abgestochene Scholle, sodass die schwarze Erde oben liegt. Umgraben ist harte Arbeit.

Hin und wieder lässt Sluis die Gabel ruhen, um sich den Schweiß vom Gesicht zu wischen, und manchmal fasst er sich an die Lenden. Das Graben fällt Sluis schwerer als früher. Ist der Boden dieses Jahr so hart und widerspenstig, fragt er sich, oder … oder kommt es daher, dass ich ein Jährchen älter geworden bin? Er rafft sich auf. Der faule Schweiß muss raus. Wenn er am Ball bleibt, dann gräbt er sehr bald schon ebenso schnell wie früher. Kraftvoll stößt er die Grabegabel ins Erdreich und wendet die dicken Brocken. Sluis steht immer noch seinen Mann, er kann durchaus noch einen Acker umgraben. Nach einer Weile muss er sich jedoch wieder ausruhen. Er atmet keuchend, und sein Rücken schmerzt heftiger als vorhin. Ihm wird klar, dass er sein Tempo ein wenig mäßigen muss.«

Wunderbar, hier steht alles drin. Bedauerlich für Sluis, dass er keinen Spaten hat. So eine Grabegabel mit Zinken bleibt ein Behelfsmittel. Nur ein Satz findet nicht meine Zustimmung. »Der faule Schweiß muss raus.« Meine Erfahrung sagt mir, dass man aufhören muss, sobald man anfängt, heftig zu schwitzen. Flüssigkeitsverlust, der macht einen todmüde.

Schön finde ich auch den Satz: »Sluis steht immer noch seinen Mann.« Implizit wird hier bestätigt, was eine vielsagende Erfahrungstatsache ist. Aller Emanzipation und allem Feminismus zum Trotz habe ich auf dem schweren Klei noch nie eine Frau umgraben gesehen.

In der Passage von Norel fehlt ein ergötzliches Detail, das dem Umgraben einen besonderen Reiz verleiht. Sobald man ein kleines Stück gegraben hat, taucht ein Rotkehlchen auf, um nach den an die Oberfläche gebrachten sich windenden Würmern zu picken. Es ist immer wieder ein Vergnügen, zu beobachten, wie so ein Vogel an einem rötlichen Wurm zerrt, der noch halb im Klei steckt. Wenn man schon ein paar Tage umgegraben hat, dann weiß solch ein Rotkehlchen, wenn man mit dem Spaten den Garten betritt, dass für sein Frühstück gesorgt ist, und es kommt sofort angeflogen. In der Regel gewöhnt es sich so an einen, dass es, anders als die Amseln, die immer in sicherer Entfernung bleiben, schon bald keine Scheu mehr zeigt. Ich habe sogar einmal erlebt, wie sich ein keckes Rotkehlchen in aller Seelenruhe auf den scharfen Eisenrand meines Spatens setzte, als ich ihn gerade in den Boden trat. Da konnte es sogleich zuschnappen, wenn ein Wurm erschien. Das war übrigens ziemlich lästig, denn manchmal war es im Weg, wenn ich mit dem rechten Fuß den Spaten in die Erde rammen wollte. Aber es lernte recht schnell, dass es sich links vom Stiel auf den Spaten setzen musste.

Der Kampf gegen die Zaunwinde

1982 zogen wir von einem Grachtenhaus mit einem 1,72 Ar großen Garten in ein Haus mit einem Garten, der einen Hektar groß ist. Ein nicht kleiner Teil dieses Hektars wurde von den bereits erwähnten fünf Schrebergärtnern bewirtschaftet, die mich, als wäre ich ein mittelalterlicher Burgvogt, dafür, dass sie mein Land bebauen durften, mit Gemüse belieferten. Trotzdem blieb noch recht viel von dem Garten übrig, um den ich mich selbst kümmern musste. Zu der Zeit begann ich, notgedrungen, zu gärtnern. Vor allem anfangs hat mich das sehr viel Mühe gekostet. Gärtnern ist eine stark auf die Zukunft gerichtete Tätigkeit. Wer gärtnert, ist Futurologe. Doch ich schaue immer zurück, die Zukunft interessiert mich kaum. Außerdem denke ich selbst heute noch, wenn ich etwas säe oder pflanze: Wenn es sprießt, kann ich längst tot und begraben sein.

1982 ließ ich, an A. Roland Holst denkend (»Ich und

im Garten arbeiten? Ausgeschlossen, das lasse ich jemand anderes machen, Gott ist mein Gärtner.«), den lieben Gott allein mit der Arbeit. Doch wenn man Gott als Gärtner anstellt, dann zeigt sich sehr bald, dass er, jedenfalls auf einem Boden wie meinem, auffallend faul ist. Er pflanzt überall mannshohe Brennnesseln, und dazwischen setzt er schnell wachsenden Holunder oder dramatisch wuchernde Brombeeren. Um dem Ganzen ein schöneres Aussehen zu verleihen, lässt er dann noch überall Zaunwinden wachsen. Die hübschen, zarten persilweißen Kelche dieser Pflanze versuchen zu verblümen, dass die Zaunwinde ehrsame Pflanzen würgt und erstickt.

Nach einem Sommer war offensichtlich, dass ich eingreifen musste, falls ich aus meinen Fenstern noch etwas anderes sehen wollte als »wuchernde Brutherde der Zaunwinde« (oder auch »Zaunglocke«, wie die nicht genug zu lobende *Ökologische Flora der Niederlande* sie nennt). Ein großes Stück Garten ließ ich von einem Kleinbagger umgraben. Darauf, so nahm ich mir vor, würde ich *besondere alte und neue Gemüse in Garten und Küche* aus dem gleichnamigen Buch von Buishand und Houwing anbauen. Normales Gemüse wurde schließlich bereits in großen Mengen von meinen Pächtern in Plastiktüten an die Klinke der Küchentür gehängt. Und so versuchte ich mich im Jahr darauf unter anderem an Artischocken, Echtem Meerkohl, Großer Klette und Knollen-Ziest. Mann, war das schwierig! Wenn man

Artischocken säte, dauerte es Wochen, bis die Pflanzen keimten, und danach kümmerten sie winzig klein auf dem kalten Klei vor sich hin. Die Große Klette, wovon ich mir tatsächlich über japanische Bekannte Samen beschaffen konnte, wuchs gut. Von dieser Pflanze ist die Wurzel essbar, doch die waren alle hohl. Und den Knollen-Ziest, dessen Abbildungen im Buch von Buishand und Houwing einem das Wasser im Mund zusammenlaufen lassen, kann man vielleicht gut anbauen, da mögen die Autoren recht haben, doch wenn man die Knollen im Klei roden will, dann bekommt man sie, sofern man sie überhaupt findet, schlicht und einfach nicht aus der Erde. Sie sind regelrecht im Klei verankert.

Von allen besonderen Gemüsearten, die Buishand und Houwing in ihrem sonst wertvollen Buch behandeln, habe ich eigentlich nur mit Blatt- und Schnittmangold gute Erfahrungen gemacht. Das ist ein Wundergemüse, das hervorragend gedeiht auf schwerem Klei und mit dem man die herrlichsten Gerichte zubereiten kann. Ansonsten führe ich, auch weil meine fünf Mitgärtner der Reihe nach gegangen oder gestorben sind (einer von ihnen überquerte während des Berufsverkehrs die Autobahn), den Kampf gegen die Zaunwinde mittlerweile mit den allernormalsten Gemüsesorten: mit Dicken Bohnen, Prinzessbohnen, Wintermöhren, Spitzkohl und vor allem mit Kartoffeln.

Nichts schenkt einem größere Befriedigung als der Anbau eigener Kartoffeln. Wenn ich nur ein winzig kleines Grundstück hätte, ich würde nur Kartoffeln pflanzen. Der Unterschied im Geschmack zwischen den mit unglaublichen Mengen an Gift angebauten Missgestalten, die in Gemüseläden unter dem Namen »Kartoffeln« angeboten werden, und dem, was man selbst, ohne Pestizide und Kunstdünger, im eigenen Garten – etwa mit Pflanzkartoffeln der Sorte »Lekkerland« – anbauen kann, ist so ungeheuer groß, dass es mir nahezu unverständlich ist, warum nicht jeder Niederländer, insofern er über einen Vor- oder Gemüsegarten verfügt, auf seinem Stückchen Boden Lekkerlander oder eine andere Kartoffel pflanzt. Zum Beispiel jene französischen Kartoffeln, die ich in diesem Frühjahr von Sarah Hart bekommen habe. Diese sogenannten »Rattes« habe ich sofort gepflanzt, und jetzt essen wir täglich davon. Sie sind länglich, sehen ein bisschen aus wie als Kartoffeln verkleidete Gewürzgurken, und sie schmecken göttlich.

Kartoffeln von eigenem Boden und Grund,
ohne Gift oder künstlichen Dünger,
ob rund oder lang wie ein Finger,
sind köstlich und zudem noch gesund!

Gartenabfälle

Es ist erstaunlich, wie schnell Bäume wachsen. Bäumchen groß, Pflanzer tot? Stimmt nicht! Unter diversen kleinen Bäumchen, die ich vor Jahren gepflanzt habe, kann man sich schon jetzt im Schatten des dichten Laubs von der Arbeit auf dem Klei ausruhen. Die Dichterin Vasalis träumte, dass sie langsam lebte. Dabei sah sie »den Willen, mit dem die Bäume aus der Erde drangen, dieweil sie heiser, stotternd sangen«. Selbst ohne Traum sieht man den Willen zum Wachsen, und daher muss man die Bäume pausenlos stutzen. Im Laufe des Jahres werden so auch die Berge aus Gartenabfällen immer höher. Früher zündete ich diese Haufen an, wenn sie mir über den Kopf wuchsen, doch das ist heute nicht mehr erlaubt, und dieses Verbot wird scharf kontrolliert. Steigt aus meinem Garten ein Rauchwölkchen auf, steht in Nullkommanichts die Umweltpolizei vor der Tür. Das sind stets wahnsinnig nette Männer, die freigiebig saftige

Strafgelder verhängen. Warum die von solch einem Wölk-
chen so schnell Wind bekommen, weiß ich nicht, doch in
Anbetracht der Tatsache, dass ich mir schon dreimal eine
blutige Nase geholt habe, traue ich mich nicht mehr, mit
meinen Gartenabfällen ein Freudenfeuer zu veranstalten.

Aber was tun? Dem kleineren Schnittgut kann man
mit dem Häcksler zu Leibe rücken. Die größeren Knüppel kann man in Stücke sägen, trocknen lassen und anschließend im Ofen verfeuern. Dennoch bleibt immer
eine ziemliche Menge an Zwischenmaß übrig. Zu groß
für den Häcksler, zu klein für den Ofen. Und ausgerechnet die Abfälle in diesem Format erweisen sich alljährlich
als der größte Haufen.

Ende 2002 fiel mir plötzlich eine Lösung für dieses
Problem ein. Es gibt jedes Jahr einen Abend, an dem
überall so viele Rauchwolken aufsteigen und Freudenfeuer entzündet werden, dass kein Hahn danach kräht,
wenn jemand Gartenabfälle in Brand steckt. Silvester!

Ich habe den Silvesterabend immer gehasst. Erst
musste man in die Kirche, um dort »Stunden, Tage,
Wochen, Jahre eilen wie ein Schatten fort« zu singen.
Danach musste man schrecklich lange aufbleiben, wobei
man die Erfahrung machte, dass Stunden ganz und gar
nicht forteilen. Seit niemand mehr über mich bestimmen darf, gehe ich an diesem entsetzlichen Abend früh
mit Ohropax zu Bett, sodass ich den Lärm verschlafe. In
diesem Jahr bin ich jedoch später als sonst unter die Decke gekrochen.

Früher hätte ich es vielleicht als ungehörig empfunden, gegen solch eine Vorschrift zu verstoßen. Doch seitdem unsere eigene Regierung eine Viertelmillion gesunde Tiere ermordet hat, habe ich das Gefühl, mich an kein einziges Gesetz und keine einzige Vorschrift mehr halten zu müssen. Ich denke, echten Verbrechern muss man nicht gehorchen. Seit die Maul- und Klauenseuche geherrscht hat, fahre ich seelenruhig bei Rot über die Ampel und lasse meinen Hund überall sein Geschäft machen. Ich bin zeit meines Lebens überaus gesetzestreu gewesen, doch jetzt pfeife ich auf alle sozialliberalen Gesetze. Es ist bedauerlich, dass man als Autor kaum Möglichkeiten hat, bei der Steuer zu tricksen, denn sonst würde ich auch auf diesem Gebiet jedwede Moral über Bord werfen.

Ich verspürte also keinerlei Gewissensbisse, als ich am Silvesterabend meinen riesigen Haufen aus Gartenabfällen um zehn Uhr in Brand steckte. Man glaube aber ja nicht, all die Äste und der Baumschnitt würden einfach so in Flammen aufgehen. Man muss sich schon ordentlich ins Zeug legen, ehe man ein vernünftiges Feuer hat.

Natürlich, man kann den Haufen mit Benzin besprenkeln. Doch dies ist eine teure Lösung, deren Erfolg alles andere als garantiert ist. Die Flammen lodern für einen kurzen Moment auf, um gleich danach wieder zu erlöschen. Man kann sich ein paar alte Autoreifen besorgen. Die steckt man in Brand und häuft dann die Gartenabfälle darauf. Diese Methode wurde früher beim Grünflächenamt angewandt. Sie funktioniert einhundertprozentig, ist aber sehr umweltverschmutzend. Nein, am besten ist es, hier und da ein wenig trockenes Abbruchholz aus den Containern zu nehmen, die heute überall vor den teuren Häusern stehen, die aufwendig umgebaut werden. Damit kann man ein erstes Feuer machen. Sobald es hoch auflodert, kann man alles draufwerfen, auch frisch geschnittenes, feuchtes Holz.

Nie hätte ich gedacht, dass ich an einem solchen Abend, den ich immer so abgrundtief gehasst habe, noch mal dankbar dafür sein würde, dass die Idioten für einhundert Millionen Gulden Feuerwerk in die Luft jagen. Dank der unzähligen Böller und Raketen war ich innerhalb von drei Stunden meinen riesigen Haufen aus Gartenabfällen los und torkelte so erschöpft ins Bett, dass ich, wie es in der gereimten Fassung von Psalm 3 so schön heißt, am nächsten Morgen »erfrischt erwachte«.

Die Maulwurfsgrille

Während man umgräbt, kommt es ab und zu vor, dass man plötzlich das Gezappel eines lebendigen Wesens bemerkt, das verzweifelt zu fliehen versucht. Meistens ist es jedoch nicht schnell genug. Triumphierend packt man es mit seinen erdigen Fingern beim gewaltigen Hinterleib, und jedes Mal, wenn man es sieht, wundert man sich wieder enorm darüber, dass das Tier vollkommen sauber aus der Erde kommt. Es ist doch merkwürdig, dass es, obwohl es unter der Erde im nassen Klei herumbuddelt, blitzblank bleibt, während derjenige, der es, auf dem Klei stehend, herausgeschaufelt hat, sich noch am späten Abend den Modder aus den Ohren pulen muss.

Wie die Maulwurfsgrille es hinbekommt, in all dem Schlamm immer so blitzsauber auszusehen, ist mir ein Rätsel, aber eines steht fest: Sie hat nichts im Klei zu suchen. Ganz gleich, welches Buch ich zurate ziehe, überall lese ich, die Maulwurfsgrille finde man vor allem in Sand und Torf. Schon bei Staring liest man: »Die Maulwurfsgrille ist als Vernichter aller nur denkbaren Pflanzenwurzeln, vor allem auf Torfböden, allgemein gefürchtet.« Und Berkhey schreibt 1805: »Maulwurfsgrille, eine Art Insekt, das vor allem in Torfböden so wie der vierfüßige Maulwurf, wohnt, wühlt und gräbt.« In der Zeitschrift *Vacature* stand am 5. März 1952: »Die Maulwurfsgrille ist in den Sand- und Torfgegenden, wo die Böden sehr locker sind, zu Hause. Lehmige Böden meidet sie meist.« Kees Hana sagt in *Von Tier und Pflanze, Wasser und Land*: »Wer auf torfigen oder sandigen Böden gärtnert, hat oft Probleme mit der Maulwurfsgrille.« Und sogar in einem aktuellen Buch wie *Elseviers Insektenführer* liest man: »Unsere Maulwurfsgrille mag feuchte Böden in der Nähe von Wasser. Sie kommt vor allem in Sand- oder Torfgegenden vor, selten findet man sie in lehmigen Böden.«

Ach, stimmte das nur! Schon seit Jahr und Tag habe ich auf meinem schweren Kleiboden Probleme mit der Maulwurfsgrille. Dieses herrliche Tier ist übrigens unser größtes Insekt. Wer sie zum ersten Mal erblickt, weiß nicht, wie ihm geschieht. Gibt es ein solch großes Insekt – sie wird bis zu fünf Zentimeter groß – in den Niederlanden? Mit solch wunderbaren Grabbeinen und einem so riesigen Hinterleib? Ja, sie ist hier schon seit Jahrhunderten heimisch.

Dass so wenige meiner Leser sie bisher gesehen haben, liegt einzig und allein daran, dass sie unter der Erde lebt. Dort baut sie Nester, betreibt eine primitive Form der Brutpflege und beißt leider beim Graben im Vorbeigehen alle Wurzeln ab, die ihre Tunnel kreuzen. Hat man zum Beispiel eine schöne Reihe Salatpflänzchen gesetzt, dann kann es passieren, dass eine Maulwurfsgrille unter der Erde vorbeikommt und alle Wurzeln abbeißt, sodass die Salatpflänzchen am nächsten Tag welk auf dem Boden liegen. Auch Dicke Bohnen, junge Kartoffeln, Rübchen, Spitzkohlpflänzchen werden so behandelt. Später im Jahr vergeht sie sich an Möhren und Kartoffeln. Sie ist, kurzum, so unglaublich schädlich, dass ich, der es kaum übers Herz bringt, gleich welchen Organismus im Garten auszurotten, mit jeder Maulwurfsgrille, die ich fange, sofort zum Hühnergehege laufe. Für die Hühner ist sie ein Leckerbissen, sie kämpfen darum.

Als ich vor Jahren zum ersten Mal auf eine Maulwurfsgrille stieß, glaubte ich, es mit einem Irrläufer zu tun zu haben, der zufällig im Klei gelandet war. Sie war schließlich – alle Bücher bestätigten das – im Torf zu Hause. Bald aber erwies sie sich als unausrottbar. Erst dachte ich: Das ist die Strafe Gottes für meine kritischen Kolumnen über die Bibel, doch schnell wurde deutlich, dass es im gesamten Haarlemmermeer, das von Leiden bis Halfweg aus einer einzigen dicken Kleischicht besteht, von Maulwurfsgrillen nur so wimmelt. Selbst die flehentlichen Gebete der christlichen Bauern und Gärtner dort haben bis jetzt keine Besserung gebracht.

Vielleicht ist die Maulwurfsgrille inzwischen auch bis in den Klei vorgedrungen, weil der Grundwasserspiegel in den ganzen Niederlanden viel niedriger ist als früher, was zur Folge hat, dass die Kleigegenden trockener sind. Aber das halte ich für nicht sehr wahrscheinlich, denn man findet die Maulwurfsgrille auch in Klei, der nach tagelangem Regen durch und durch nass ist. Ich neige eher zu der Ansicht, dass die Maulwurfsgrille auch früher schon im Klei gewühlt hat.

Das Unkraut

Als mein Vater noch Gärtner war, erklärte er nahezu täglich dem Unkraut den Krieg. In der Schrift stand zu lesen, woher das Unkraut kam: »Mit dem Reich der Himmel ist es wie mit einem Menschen, der guten Samen auf
seinen Acker säte. Während aber die Menschen schlie-
fen, kam sein Feind und säte Unkraut mitten unter den
Weizen.« Wer war dieser Feind? In Matthäus 13,28
nennt Jesus ihn einen »feindseligen Menschen«, doch offenbar wusste es mein Vater besser. Der Feind war der
Satan. Daher wahrscheinlich der erbitterte Kampf dagegen: Das war nicht einfach nur Gänsefuß und Ferkelkraut, nein, das war die Saat des Teufels. Dagegen durfte
man ruhig Parathion anwenden. Gegen einen solchen
Feind war jedes Mittel erlaubt.

Meine Mutter, eine Gärtnertochter, hat diese Einstellung immer noch. Kündigt sie einen Besuch an, dann
begebe ich mich sofort in meinen Garten, um das

schlimmste Unkraut zu entfernen. Trotzdem sagt sie nach ihrem Rundgang zwischen meinen Beeten jedes Mal recht tadelnd: »Du hast aber viel Unkraut in deinem Garten!«

Selbstverständlich ist es unmöglich zu gärtnern, ohne auch Unkraut zu jäten. Dennoch fällt es mir schwer. Erstens, weil ich natürlich faul bin. Zweitens, weil das Unkraut im Klei sehr viel kräftiger wurzelt als in sandigen Böden und sich daher auch sehr viel schwerer ausreißen lässt. Und drittens, weil sie mir eigentlich sehr viel Freude bereiten, all die kleinen Pflanzen, die unaufgefordert zwischen den von mir gesäten aufsprießen. Man entdeckt winzig kleine hellgrüne Keimblätter und denkt: Was mag das werden? Meistens wird es einfach nur Spitzwegerich, Knopfkraut oder Knöterich, und zum Glück weiß ich nach all den Jahren der Schufterei bei vielen keimenden Pflanzen bereits, womit ich es zu tun habe, und kann sie ohne Gewissensbisse ausreißen. Aber dennoch sprießt überall auch alles Mögliche, was man nicht kennt und wobei man denkt: Was mag das bloß sein? Dann lass ich es stehen. Zeigt sich dann später, dass eine unbekannte adventive Malvacea oder eine verirrte Campanulacea meinen Klei erwählt hat, um darauf ihre Blütenpracht zu entfalten, dann reiße ich sie auch in einem späteren Stadium nicht aus. Auch wenn man dann weiß, mit welcher Pflanzenfamilie man es zu tun hat, so will man doch auch wissen, um welche Gattung es sich handelt, und am liebsten auch noch, um welche Art.

Man muss mindestens warten, bis eine Pflanze blüht, um sie determinieren zu können. Ich werde Sie nicht mit der Liste von außergewöhnlichen Pflanzen langweilen, die ich im Laufe der Jahre auf meinem Klei gefunden habe. Von vielen Arten würden Sie wahrscheinlich nicht einmal glauben, dass sie einfach so aus dem Nichts zwischen den Porreestangen wachsen – sie sind in der letzten, von Ruud van der Meijden bearbeiteten Auflage der *Flora der Niederlande* alle als »selten« bis »sehr selten« eingestuft. Manchmal sogar als »gefährdet« oder »adventiv an einzelnen Stellen«.

Aber auch bei Arten, die laut *Flora* noch »ungefährdet« sind, fällt es mir schwer, sie auszureißen. Nehmen wir nur einmal die Zaunwinde. Das gemeinste Unkraut, das es gibt. Sie überwuchert alles und kommt immer wieder, weil garantiert jedes Mal, auch wenn man sie aus dem Boden reißt, ein schlankes weißes Wurzelstück zurückbleibt, aus dem dann prompt eine neue Pflanze wächst. Welch eine Plage die Zaunwinde auch sein mag – ich kann einfach nicht vergessen, wie schön ich die zarten schneeweißen Blütenkelche der Zaunwinde als Kind fand. Man nannte sie verächtlich »Pisspötte«. Dennoch sehe ich immer noch verrostete Maschendrahtzäune vor mir, welche die Zaunwinde im Sommer in sich wiegende weiße Wandteppiche verwandelte. Außerdem kann man gerade die Unverwüstlichkeit der Zaunwinde eigentlich nur bewundern. Du weißt: Was immer auch geschehen mag, selbst wenn ein Atomkrieg die Erde erschüttert, die Zaunwinde wird unverdrossen wieder wachsen.

Weil die Zaunwinde letztendlich immer am längeren Ende ziehen wird, ist es unmöglich, die kurzen Enden aus dem Klei zu ziehen. Das gilt jedoch nicht für eines der Wegerichgewächse, die ich erst kennenlernte, als ich schon Biologie studierte. Das geschah während einer Exkursion, bei der ich und all meine Kommilitonen die Erfahrung machten, enorm auf der Hut sein zu müssen. Manchmal riss man nämlich eine Pflanze aus, die unglaublich selten war, und wurde dann beinahe von dem oben erwähnten Ruud van der Meijden gelyncht. Der kannte schon damals als Student jede Pflanze, jedes Moos, jedes Gras. Ich erinnere mich noch daran, dass er in der Nähe von Ellecom eine seltene Campanula entdeckte, bei der er dann Wache bezog. Wer sich in die Nähe wagte, wurde mit dem Tod bedroht.

Wie dem auch sei, dort in Ellecom lernte ich Ehrenpreis kennen. Man nenne mir eine Pflanze, die schöner ist! Kleine, meist himmelblaue oder blau-weiße Blüten. Manchmal auch weiße, blau geäderte Blüten. Wo bei mir auch nur Acker-Ehrenpreis wächst – ich lass ihn stehen. Dann gibt es eben etwas weniger Spinat.

Die Wintermöhre

Gleich nach dem Spinat kommt für mich die Wintermöhre. Auf dem Klei ist ihr Anbau jedoch alles andere als
einfach. Der Grund dafür ist, dass die Wintermöhre in
dem kompakten Boden Mühe hat, ihre große orange-
farbene Pfahlwurzel zu entwickeln. Darum liest man in
Gartenbüchern auch immer: »Für den Anbau eignen
sich am besten lockere, Feuchtigkeit speichernde Böden.« Klei speichert zwar auch Feuchtigkeit, ist aber leider das Gegenteil von locker. Außerdem ist Klei immer
ein wenig kälter als Sand- oder Torfboden, sodass Wintermöhrensamen in Klei stets schlechter keimen. Alternative Gartenbücher raten einem daher, ordentliche
Mengen Kompost in den Klei zu mischen. Dadurch wird
der Boden wärmer und lockerer. Das scheint zwar das Ei
des Kolumbus zu sein, erweist sich in der Praxis jedoch
als äußerst ungünstig, da Kompost, egal, wie er herge-
stellt wird, immer unglaublich viele Unkrautsamen ent-

hält. Und all diese Samen keimen im Handumdrehen, während die Wintermöhrensamen fürchterlich lange brauchen. Die Folge ist, dass deine schönen, mit viel Kompost versehenen und mit Möhrensamen eingesäten Beete bereits nach vierzehn Tagen wunderbar grün aussehen, doch was da wächst, sind keine Wintermöhren, sondern Ferkelkraut, Wiesen-Flockenblume und Ehrenpreis. Lässt man die Unkräuter wuchern, dann hat die erst sehr viel später aufkeimende Wintermöhre nicht die Spur einer Chance. Jätet man das Unkraut jedoch, dann zieht man dabei meist auch die noch kaum sichtbaren zarten Wintermöhrenpflänzchen aus der Erde.

Trotzdem säe ich jedes Jahr hartnäckig Wintermöhren. In den Niederlanden hat man in Gartenbauzentren die Wahl zwischen zwei Sorten: »Flakkeer« und »Berlikumer«. Die »Berlikumer« gedeiht, nach meiner Erfahrung, auf dem Klei überhaupt nicht, und auch für die »Flakkeer« erweist es sich als große Aufgabe, es in meinem Kleiboden zu einer halbwegs akzeptablen Wurzel zu bringen. Von guten Freunden bekomme ich aber schon seit einigen Jahren englische Möhrensamen zum Geburtstag. Dort gibt es mehr Sorten als hier, zum Beispiel »Juwarot«, »Autumn King« und »Autumn King Improved«. Vor allem mit Letzterer habe ich gute Erfahrungen gemacht. Merkwürdigerweise findet man auf der Verpackung von »Autumn King Improved«, wenn man das Kleingedruckte liest, die erstaunliche Mitteilung, dass die Samen für diese Möhre »imported from Holland« sind.

Bereits im noch jungen Frühling säe ich die »Autumn King Improved« in längliche Beete, die ich mit Schalotten und Zwiebeln umsäumt habe. Tut man das nicht, dann schlägt garantiert die Möhrenfliege zu, und am Ende des Sommers sind sämtliche Mohrrüben befallen. Dank meines Verlangens, viele Wintermöhren anzubauen, verfüge ich also immer automatisch über Zwiebeln und Schalotten im Überfluss.

Jedes Jahr behalte ich, wenn ich die »Autumn King Improved« gesät habe, meine Saatbeete ängstlich im Auge und warte darauf, dass die Wintermöhren sprießen. Vorsichtig jäte ich alles Unkraut, wobei es mir jedes Mal in der Seele wehtut, den Ehrenpreis auszureißen. Stets denke ich nach einigen Wochen: Diesmal hast du die »Autumn King Improved« zu früh gesät. Der Boden war noch nicht warm genug, das Saatgut ist verloren. Und dann packt mich die gespenstische Vorstellung, in diesem Jahr ohne Wintermöhren auskommen zu müssen, bei der Kehle. Garantiert eile ich dann zum nächstgelegenen Gartencenter, um dort zwei Tüten Möhrensamen der Sorte »Flakkeer« zu kaufen. Die wird, natürlich mit Schalotten drumherum, auch noch in zwei neu angelegte Beete gesät. Kaum bin ich damit fertig, da beginnt bereits die »Autumn King Improved« aufs Üppigste zu sprießen. Die Folge ist, dass ich im Oktober mindestens vier Beete mit Wintermöhren habe. Bis Ende März kann ich jeden Tag ein paar Möhren aus dem Boden ziehen, um sie entweder direkt aus der Hand zu essen oder aber geraspelt und mit frischem Orangensaft als Rohkost zu jeder warmen Mahlzeit zu servieren. Fängt es an zu frieren, dann werfe ich rasch große Mengen Pferdemist auf meine Möhren. Unter dem warmen Mist gefriert der Boden nicht, und so bleiben auch meine Möhren frostfrei und verfügbar.

Obwohl die »Autumn King Improved« auf dem Klei besser gedeiht als die »Flakkeer«, bekommt man nur selten eine große, lange Pfahlwurzel. Meistens zieht man Missgestalten aus der Erde. Weil der Boden so undurchdringlich ist, versucht die Möhre alles Mögliche, um wachsen zu können. Oft verzweigt sie sich, wobei sie drei oder vier Rübchen bildet, die miteinander verflochten sind. Oder sie wächst nicht nach unten, sondern zur Seite. Oft bildet sie auch gleich unter dem Kraut eine Art großen runden Tennisball, aus dem sich dann wiederum dünne Tentakel in den Klei bohren. Doch so missgestaltet eine Möhre auch sein mag, der Geschmack leidet nicht darunter. Mehr noch, jede Missgestalt aus dem eigenen Garten schmeckt tausendmal besser als alles, was man im Laden kauft!

Schwanenblume

An drei Seiten wird mein Garten von Wassergräben begrenzt. Eigentlich wohne ich auf einer Halbinsel. Das Wasser in den Gräben ist schon seit einigen Jahren glasklar. Wenn es windstill ist und die Sonne scheint, dann ist die Verlockung groß, wie der flämische Dichter Guido Gezelle (»wie oft, wie oft hab ich nicht aufs Wasser geschaut, allein und fern von jedem menschlichen Laut«) stundenlang am Grabenrand zu sitzen und ins Wasser zu schauen. Rückenschwimmer schießen vorüber, neunstachlige Stichlinge bilden Schulen, eine kleine Schleie schleicht über den Boden, eine kopfüber hängende Spitzschlammschnecke gleitet mit vorgestülptem Fuß an der Wasseroberfläche entlang, und hier und da sieht man Taumelkäfer über das Wasser flitzen.

Seit einigen Jahren ist es allerdings gar nicht mehr so einfach, einen ruhigen Platz zu finden. Entlang des gut dreihundert Meter langen Grabenufers sind fast überall

Schwanenblumen gewachsen. Schon in den Jahren davor blühte die ein oder andere Schwanenblume, doch erst vor einiger Zeit ist es zu einer explosionsartigen Vermehrung dieses wunderschönen Sommergrabenrandblühers gekommen. Und das nicht nur bei mir. Überall in dem Polder, wo ich wohne, hat sie die Grabenufer mit Beschlag belegt. An sich ein erfreuliches Phänomen, wenn es nicht dazu führen würde, dass ich in den letzten Jahren fast nirgendwo mehr Pfeilkraut und Igelkolben habe finden können. Ob die von der Schwanenblume vollkommen verdrängt worden sind? Und hat diese Schwanenblumenexplosion sich vor allem entlang der Wassergräben in Kleiböden ereignet? Obwohl ich sie auch woanders häufiger als früher sehe, so blüht sie, nach meinem Dafürhalten, am üppigsten dort, wo es Klei gibt.

Laut der *Ökologischen Flora der Niederlande* ist die Schwanenblume »eine Uferpflanze an neutralen bis basischen, karbonat- und nährstoffreichen, süßen bis schwach brackigen, stillstehenden oder leicht strömenden Gewässern in allerlei Bodenarten, mit einer leichten Vorliebe für Klei«. Dass sie meinem Eindruck nach auf Kleiböden besonders gut gedeiht, entspricht also genau ihrer Vorliebe.

Könnte der Vormarsch der Schwanenblume damit zu tun haben, dass sie auf der Liste der geschützten Pflanzen steht? Und muss sie nun, da sie so erstaunlich häufig vorkommt, auf dieser Liste bleiben? Das oben erwähnte

Buch meint dazu: »So hübsch die Pflanze auch sein mag, ihr Vormarsch deutet häufig darauf hin, dass es um die biologische Qualität des betreffenden Gewässers nicht sonderlich gut bestellt ist.« Die Schwanenblume scheint nämlich eine stärkere Umweltverschmutzung zu tolerieren als die meisten anderen Uferpflanzen.

Die Schwanenblume verschwände übrigens von selbst, wenn die Gräben nicht alljährlich ausgebaggert würden. Diese würden dann nämlich verlanden, und die Schwanenblume verlöre ihren Lebensraum. Die Schwanenblume selbst ist der erste Schritt dieser Verlandung, aber in Holland folgen auf diesen Schritt keine weiteren, weil wir nämlich, anders als im Ausland immer behauptet wird, nicht schon seit Jahrhunderten einen Kampf gegen das Wasser führen, sondern gegen das Verlanden.

In der illustrierten *Flora* von Heimans, Heinsius und Thijsse wird die Schwanenblume noch den Froschlöffelgewächsen zugeordnet, doch heute gilt sie als einzige Vertreterin einer eigenen Familie, der Butomaceae. Auch in dieser Hinsicht ist sie also zu einem echten Außenseiter geworden.

Die Blattränder der Schwanenblume in meinen Gräben sind, bei näherem Hinsehen, stark angefressen. Sucht man nach dem Täter, dann findet man einen recht kleinen graugelben Blattkäfer. Das ist der Schwanenblumenkäfer, der ausschließlich auf dieser Pflanze vorkommt.

Aus dem *Pflanzenfinder* von Sarah Hart geht hervor,

dass man die Schwanenblumen bei zahlreichen Blumen-
züchtern bestellen kann. Sie ist also auch eine Zierpflan-
ze für Gartenteiche. Ob man dann die wilde Variante er-
hält, die jetzt bei mir so schwindelerregend schön blüht,
oder eine ihr ähnliche, zivilisierte Schwanenblume, weiß
ich, ehrlich gesagt, nicht. Es würde mich aber wundern,
wenn das, was man bestellt, genau die gleiche Wunder-
pflanze wäre wie die, die zur Zeit in den Kleigräben so
prächtig gedeiht. Allerdings ist auch das kultivierte Gewächs eine Uferpflanze. Deshalb habe ich mich enorm
über eine Passage gewundert, auf die ich in dem Roman
Das letzte Wort von Gabi van Driem stieß. Darin schreibt
sie:»Im Garten findet sie wie üblich ein großes Durch-
einander vor. Zwischen den Zierpflanzen ist ein Wirr-
warr von Unkraut gewachsen. Huflattich und Hahnen-
fuß verdrängen den Seidelbast und die Schwanenblumen,
die Otti hier mit so viel Liebe gepflanzt hat.« Huflattich
verdrängt Schwanenblumen? Aber der Huflattich ist in
der Regel die allererste Pflanze, die im Frühling blüht.
Und er wächst zudem immer auf festem Boden. Schwanenblumen blühen bestenfalls Mitte Mai, wenn der Huflattich schon längst wieder weg ist. Außerdem wachsen
sie ausschließlich am Uferrand. Es ist undenkbar, dass
Huflattich die Schwanenblume verdrängen könnte. Nein,
Schwanenblume verdrängt bedauerlicherweise Igelkolben und Pfeilkraut. Und darum finde ich die derzeitigen
Sommer mit den vielen Schwanenblumen auch ziemlich
beunruhigend.

Sojabohnen

Pfingsten 1998 habe ich zum ersten Mal Sojabohnen gepflanzt. Sojabohnen sind wärmeliebende Pflanzen, und
sie können daher erst in der zweiten Maihälfte gesetzt
werden, wie Buishand und Houwing in ihrem Buch sagen. Ich war gespannt, ob etwas aus meinen Sojabohnen
werden würde. »Für eine gute Reifung«, so die genannten Autoren, »bedarf es eines recht warmen Septembers
mit durchschnittlichen Tagestemperaturen von nicht weniger als 13 °C.« Dafür sah es eigentlich nicht so gut aus,
doch ich wollte unbedingt wissen, wie frische, direkt
von der Pflanze geerntete Sojabohnen schmecken. Sojabohnen, die man im Reformhaus kauft, muss man zunächst sehr lange einweichen und kochen, ehe man sie
essen kann. Hinzu kommt, dass der Unterleib in der darauf folgenden Nacht einer kleinen Fabrik ähnelt. Unter
der Decke stauen sich Auspuffgase. Ich hoffte, das sei bei
frischen Sojabohnen nicht so.

Woher, werden Sie fragen, dieses leidenschaftliche Verlangen nach Sojabohnen? Ehrlich gesagt, verdanke ich dieses Verlangen Dr. A. J. Houtsmuller, dem als Quacksalber verschrienen niederländischen Arzt.

Lange bevor er in Verruf geriet, habe ich das Buch *Nicht toxische Tumortherapie* von Dr. Houtsmuller gelesen. Es machte auf mich als Biologen keinen unsoliden Eindruck. Ich habe darin nichts Dilettantisches entdecken können. Auch erinnerte es mich in keiner Weise an Schriften oder Äußerungen von Scharlatanen wie den Erfindern von Makrobiotik oder Jomanda.

In seinem Buch kommt Dr. Houtsmuller wiederholt auf Sojabohnen zu sprechen. Die wichtigste Aussage über sie steht auf S. 57: »Kennedy (1994) beschrieb die krebshemmende Wirkung von Proteasehemmern, vor allem denen aus der Sojabohne, BM genannt (Bowman-Brink inhibitor). Diese Hemmer wirken bereits in einer sehr geringen Konzentration und auf irreversible Weise. Sie beeinflussen auch die verschiedenen Tumorarten und werden daher auch als universelle Krebshemmer bezeichnet. Der wichtigste Proteasehemmer war der für Chymotrypsine, der vor allem in Sojabohnen vorkommt (Birk 1975). Sowohl Japaner als auch Siebenten-Tags-Adventisten konsumieren viele Sojaprodukte und haben extrem selten Krebs.«

Außer bei Houtsmuller kann man auch in zahlreichen anderen Publikationen lesen, dass Sojabohnen, die alle für den Menschen notwendigen Eiweiße enthalten, erstaunlich gesund sind. Auch das, was Houtsmuller sonst noch über den Verzehr von möglichst viel Gemüse und frischem Obst zwecks Krebsvorsorge sagt, findet man ebenfalls in diversen anderen Quellen. Vor ein paar Monaten veröffentlichte die Zeitschrift *HP/De Tijd* ein Interview mit einem englischen Biochemiker, der auf breiter Basis epidemiologische Untersuchungen in China gemacht hat. Diese hatten ganz klar ergeben, dass reichere Chinesen, die viel Fleisch und wenig Gemüse essen, ein viel höheres Krebsrisiko haben als die armen Chinesen, die in abgelegenen Tälern noch ihr eigenes Gemüse anbauen und sich vor allem von Kohl, Paprika, Zwiebeln, Tomaten, Chilischoten und so weiter ernähren. Dieser Biochemiker riet dringend vom Konsum aller tierischen Produkte ab. Sogar von Milchprodukten!

Ich denke, wir müssen genau zwischen Prävention und Heilung unterscheiden. Wenn man Krebs hat, dann kann, neben der üblichen Therapie, die Houtsmuller-Diät nicht schaden, aber man darf von ihr natürlich auch keine Wunder erwarten. Hat man keinen Krebs und möchte auch lieber keinen bekommen, dann gibt es, meiner Ansicht nach und auch aufgrund dessen, was in zahllosen anderen Publikationen zu finden ist, viele Gründe, möglichst viel frisches Gemüse und Obst und möglichst wenig Fleisch zu essen.

Ich habe als Kind jahrelang bei einem Metzger gearbeitet und kannte daher auch alle anderen Metzger der Gegend, sie waren ja die Konkurrenz. Nun, sämtliche

Metzger aus der Zeit meiner Jugend, etwa dreißig insgesamt, sind fast ausnahmslos, ebenso wie ihre Gattinnen und Kinder, an Krebs gestorben. Das kann purer Zufall sein, aber es dürfte nicht schwierig sein, herauszufinden, ob man als Metzger statistisch ein höheres Risiko hat, an Krebs zu sterben, als andere Bevölkerungsgruppen. Ich jedenfalls habe Fleisch radikal von meiner Speisekarte gestrichen. Stattdessen esse ich Sojabohnen, und ich hoffe, diese im Herbst in meinem eigenen Garten ernten und frisch verzehren zu können. Dazu werde ich ein Gläschen frisch gepressten Gemüsesaft trinken und einen Toast auf Dr. Houtsmuller ausbringen.

Beatrijs

Dieser Tage ist mir wieder klar geworden, warum ich nicht aufhöre, auf dem Klei zu schuften. Ich habe die ersten Kartoffeln geerntet, von denen man die Schale mit dem Zeigefinger abreiben kann. Ich habe die ersten Dicken Bohnen genüsslich verspeist, die man nur kurz blanchieren muss. Ich habe die ersten Zuckererbsen, die man roh auf die Zunge legen und zergehen lassen kann, aus den Schoten geholt! Und wünsche ich ein Dessert, dann kann ich mich endlos an frischen Erdbeeren und köstlichen Johannisbeeren gütlich tun. Die einzige Wolke an meinem Horizont ist zur Zeit der Artikel, den Beatrijs Ritsema unter dem Titel »Pekingente« im *NRC Handelsblad* veröffentlicht hat. Darin behauptet sie, ich hätte den Gott meiner Jugend gegen den freudlosen Gott des Vegetarismus eingetauscht. Der Mensch, so Beatrijs, sei omnivor. »Wenn die Evolution uns die Rolle des Salatessers zugedacht hätte, dann hätte sie uns wohl mit vier

Mägen ausgestattet.« Als wenn alle pflanzenfressenden Säugetiere mit vier Mägen ausgestattet wären! Das trifft nur auf die Wiederkäuer zu. Das Gros der vegetarisch lebenden Säugetiere hat genau wie wir nur einen Magen. Die Evolution liefert sogar ein Argument zugunsten des Vegetarismus. Über unsere nächsten Verwandten, die Menschenaffen, schreibt Grzimek: »Menschenaffen sind wohl mehr auf Pflanzenkost eingestellt als Paviane und andere ›allesessende‹ Affen.« Erst als man entdeckte, dass man Orang-Utans frische Pflanzenkost geben muss, wurde es überhaupt möglich, sie in Zoos zu halten.

In meinem Kapitel über Sojabohnen, die übrigens hübsch zu sprießen beginnen, erwähnte ich Forschungen unter Chinesen. Diese hatten ergeben, dass vegetarisch lebende Chinesen seltener Gefahr laufen, an Krebs zu erkranken, als fleischessende Chinesen. Laut Beatrijs lässt sich dieser Unterschied damit erklären, dass die Fleischesser alt wurden, während die Vegetarier zu jung starben, um Krebs zu bekommen, denn Krebs sei, so Beatrijs, eine Alterskrankheit. Welch ein Irrtum! Anders als Alzheimer ist Krebs kein typisches Altersleiden. Leider kann die Krankheit in jedem Lebensalter zuschlagen. Krebs kommt sogar bei Jugendlichen vor! Natürlich, je älter man ist, umso größer ist die Gefahr, aber es ist blanker Unsinn, zu behaupten, Krebs sei eine typische Alterskrankheit. Erst neulich wurde über die explosive Zunahme von Brustkrebs bei Frauen zwischen vierzig und fünfzig berichtet.

Die Forschungen, auf die ich mich bezog, wurden von T. Colin Campbell durchgeführt, Professor für Ernährungswissenschaften und Biochemie an der Cornell University. Zusammen mit vierzehn Mitarbeitern führte er ab 1983 in China eine acht Jahre dauernde Untersuchung durch, bei der die Ernährungsgewohnheiten von 2400 chinesischen Gemeinden erforscht wurden. Aus dieser Untersuchung ging hervor, dass die Krankheit Krebs in bestimmten Regionen zehn- bis vierhundertmal häufiger auftrat. Je stärker die Ernährung auf pflanzlichen Produkten basierte, umso gesünder waren die Menschen. Nicht nur Krebs, auch Diabetes sowie Herz- und Lungenerkrankungen kamen bei Vegetariern viel seltener vor.

Natürlich wären Campbell und seine vierzehn Mitarbeiter unglaubliche Dummköpfe gewesen, wenn sie den Faktor Vergreisung, der laut Ritsema alles erklärt, vernachlässigt hätten. Das ist folglich auch nicht der Fall. Aus dem sehr umfangreichen Forschungsbericht geht ganz klar hervor, dass die Vegetarier im Gegenteil sogar älter wurden als die Fleischesser. Es kann also gar keine Rede davon sein, dass sie viel zu jung starben, um Krebs bekommen zu können.

Campbell – er hat eine eigene Website – äußerte in *HP / De Tijd* einen bemerkenswerten Kommentar zu der Tatsache, dass es in den Niederlanden die höchste Zahl an Brustkrebserkrankungen weltweit gibt. Auch dies sei eine Folge falscher Ernährung. Weil die Mädchen hier zu viel Fleisch und zu viele Milchprodukte zu sich nähmen, setze die Menstruation bereits fünf Jahre früher ein als etwa bei chinesischen Mädchen, und dadurch seien die niederländischen Frauen fünf Jahre länger den krebser- regenden Östrogenen ausgesetzt.

Liebe Beatrijs, ich verstehe sehr gut, dass du dir die zarten Rinderschnitzel nicht nehmen lassen möchtest und deshalb zu jedem Scheinbeweis greifen wirst, um sie weiterhin auf den Tisch bringen zu können. Dennoch musst du von einer wahren Todesverachtung erfüllt sein, wenn du es heutzutage noch wagst, Fleisch zu essen. Altes Frittierfett im Rinder- und Schweinefutter, Dio- xinhühner, Clenbuterolkühe, Schweine voller Stresshor- mone! Amerikaner, die sich weigern, auf die Verabrei- chung krebserregender Wachstumshormone an Rinder zu verzichten! Und last but not least: BSE!

Das wichtigste Argument dafür, kein Fleisch mehr zu essen, wurde noch gar nicht erwähnt: das unsagbare Leid der Tiere in der Bioindustrie und in den Schlacht- häusern. Freudloser Gott des Vegetarismus? Ich frage mich, ob die Schweine in ihren übervollen Ställen auch so darüber denken. Mich dünkt, sie sind eher geneigt, vom selbstsüchtigen, grausamen, herzlosen, blutrünsti- gen Gott der Fleischesser zu sprechen.

Urtica auf dem Klei

Von allen spontan wachsenden Pflanzen, die auf dem Marschklei üppig gedeihen – der Holunder, die Brombeere, die Zaunwinde, das Glaskraut und die Brennnessel –, kann man mit der Großen Brennnessel, *Urtica diocia*, am leichesten zu einem Gentleman's Agreement gelangen. Die Brennnessel wächst nämlich jedes Jahr an denselben Stellen. Zwar versucht sie immer wieder, an den Rändern ihres Areals ein Stückchen Land dazuzuerobern, doch wenn man die dort wachsenden jungen Nesseln ausreißt, zeigt sich, dass sich noch keine tiefen Wurzeln gebildet haben, sodass man sie leicht entfernen kann. Wo sie jedoch immer schon wuchsen, dort sind sie einfach nicht wegzukriegen. Dort sprießen sie bereits sehr früh im Jahr massenhaft und auf breiter Front aus dem Boden. Das Beste ist es, sie einfach weiterwachsen zu lassen. Mit der Sense kann man sie, sogar noch nach dem Johannistag, bequem abmähen, wenn sie bis zu den

Knöcheln oder eventuell bis zu den Knien reichen, und wenn man dies den ganzen Sommer über durchhält, hat man immer einen niedrigen hübschen Teppich aus jungen hellgrünen Brennnesseln. Aus den jungen Brennnesseln kann man eine blutreinigende Suppe kochen, die in der Welt der Kräuterweiber und Rohkostesser ein sehr hohes Ansehen genießt, doch ich muss ehrlich zugeben, dass ich kein Freund von bitterer Brennnesselsuppe bin.

Natürlich kann es auch, etwa rund um den Komposthaufen, von Vorteil sein, die Brennnesseln bis Schulterhöhe weiterwachsen zu lassen, denn solch ein tüchtiger, dicht beisammenstehender Brennnesselwald wirkt wie ein Magnet: Wenn man Glück hat – und dieses Glück habe ich in den letzten Jahren wiederholt gehabt –, dann lässt sich der Admiral oder das Tagpfauenauge oder der Kleine Fuchs auf deinen Brennnesseln nieder. Nachtfalter, Käfer, Rüsselkäfer, Wanzen – sie ergötzen sich gern und manchmal in großer Zahl an den Nesseln. Obwohl das Wochenbett der Nachtigall sich in der Regel mitten in einem solchen Brennnesselwald befindet, hat in meinem Garten leider noch nie eine von ihnen gebrütet. Auch der Sumpfrohrsänger, der ebenfalls gern in den Brennnesseln nistet, hat den Weg in meine üppige Brennnesselplantage noch nicht gefunden. Vielleicht muss ich für diese Spitzenvögel mein Brennnesselareal noch ein wenig erweitern.

Man könnte übrigens meinen, dass Brennnesseln, die

jedes Jahr an derselben Stelle wachsen, den Boden allmählich auslaugen müssten. Als ich gerade auf den Klei gezogen war, dachte ich: Ach, lass die Brennnesseln ruhig wachsen. Unausweichlich werden das Nitrat und das Phosphat, wonach sie lechzen, aufgebraucht werden, und dann entsteht ganz von allein Raum für andere Pflanzen. Ein Irrtum. Selbst wenn man sie immer wieder abmäht und die Mahd sofort wegbringt, um damit den Komposthaufen zu bereichern, so wächst die Brennnessel dennoch Jahr für Jahr hartnäckig an derselben Stelle, als verfügte der Klei dort über immense Vorräte an Nitrat und Phosphat.

Gut an den Brennnesseln ist auch, dass mein Ziegenbock sie so gern mag. Es hat etwas Rührendes, zu beobachten, wie eine Ziege, seelenruhig und ganz offensichtlich jeden einzelnen Happen genießend, eine Brennnesselspitze nach der anderen mit ihren ausgesprochen zarten Lippen abknabbert. Offensichtlich sind für sie die Histamine, die freigesetzt werden, wenn sich die Brennnesselzellen mithilfe ihrer spitzen Stacheln in die Haut desjenigen ergießen, der sie berührt, überhaupt nicht unangenehm. Ich hingegen bin zwar ein großer Freund der Brennnesseln, aber die Tatsache, dass sie so schmerzhaft stechen können, spricht natürlich gegen sie. Vor einiger Zeit träumte ich, nachdem ich spät abends eine gewagte Rivella-Reklame mit einer strengen Domina gesehen hatte, dass ich von einer solchen Dame mit frischen Brennnesseln geschlagen wurde. Ein Albtraum!

Zum Glück weckte mich ein verspätetes Flugzeug, das mitten in der Nacht auf der Suche nach dem Amsterdamer Flughafen war.

Es ist, obwohl SM seit einigen Jahren in Mode zu sein scheint – man sieht es auch an einer solchen Rivella-Reklame –, merkwürdig, dass man offenbar auf dem Sado-Sektor die fantastischen Folter- und Martermöglichkeiten, die einem die Brennnessel bietet, noch nicht entdeckt hat. Peitsche und Teppichklopfer sind im Vergleich zu ihr nur Kinderkram. Aber vielleicht bringe ich jetzt ja jemanden auf eine Idee. Bei mir kann man jedenfalls zu einem günstigen Preis mannshohe Brennnesseln kaufen, die, auch zwei Stunden nachdem sie gepflückt wurden, noch sehr schmerzhaft stechen können! Und außerdem: Der Schmerz hält an! An meinem Hochzeitstag im Juli 1967 musste ich, von allen Hochzeitsgästen verfolgt, meine Braut durch Brennnesseln tragen. Mein Vater ging hinter mir und sagte zu den Gästen: »Im Juli stechen die Brennnesseln nicht.« Mit seinen sehr schwieligen Händen pflückte er ein paar, um es zu demonstrieren. Daraufhin pflückten einige Gäste auch Brennnesseln. Sie kratzten sich noch am Abend!

Junger Wiesenkerbel

Wer oft mit dem Rad fährt, weiß: In den Niederlanden muss man nur selten die Regensachen anziehen. Trotzdem ist im Frühling des Jahres 1999 schon wieder so viel Regen gefallen, dass mein Garten sich in einen Morast verwandelt hat und an Fräsen gar nicht zu denken ist. Selbst für meine Pflanzzwiebeln habe ich nur mit Mühe einen Platz finden können, der nicht allzu sumpfig war. An den einheimischen Pflanzen kann man aber sehen, dass sie diesen nassen Frühling nicht nur normal finden, sondern ihn jubelnd begrüßen. Das Unkraut wuchert. Vor allem eine Pflanze singt und trällert im Schlamm: der Wiesenkerbel. In der fünfbändigen *Ökologischen Flora der Niederlande* von Weeda lese ich: »Wiesenkerbel wächst auf nährstoffreichen, feuchten Böden, vor allem auf Klei.« In der Tat: Auf jedem übrig gebliebenen Flecken meines Morastes ist er in diesem Frühling gewachsen. In ihrem wundervollen Roman *Ein spanisches Hünd-*

chen schreibt Rascha Peper auf S. 89 über »jungen Wiesenkerbel«. In ihrem Buch ist es Freitag, der 3. Mai. Wer glaubt, in ihrem Buch habe er es nur mit einem ungewöhnlich späten Frühling zu tun, der bemerkt ein paar Seiten später seinen Irrtum. Dort liest man, dass am selben Tag »Bohnenranken eifrig damit begonnen hatten, sich um Stangen zu winden«. Am 3. Mai? Vor den Eisheiligen, also vor Mitte Mai, darf man überhaupt keine Bohnen pflanzen, und wenn man sie zum Beispiel am 15. Mai pflanzt, kann man froh sein, wenn sie sich Mitte Juni zu winden beginnen.

Da die erwähnten Pflanzen in Rascha Pepers Roman auf dem Landgut eines verrückten Mannes wachsen, der auf seinem Grundstück eine Ruine errichten lassen will, übermittelt die Autorin mit dem wahnsinnig späten Wiesenkerbel und den viel zu frühen Bohnen eine versteckte Botschaft: Auf dem Landgut spielt auch die Natur verrückt.

Bei mir, wo die Natur nicht verrückt war, blühte der Wiesenkerbel bereits Mitte April. Am Dienstag, dem 21. April, entdeckte ich auf den Blüten die ersten Schwebfliegen. Überall leuchten nun, ungeachtet des kalten Frühlings, die anmutigen weißen Blütendolden von *Anthriscus sylvestris*. Nicht mehr lange, und es ist schon wieder vorbei. Dann entwickelt sich der Samen des Wiesenkerbels, die Pflanze stirbt ab, und Giersch übernimmt die Herrschaft.

Der Giersch ist jetzt auch auf dem Vormarsch. Ein

Leser schrieb mir: »Das Problem des Frühlingsgemüses lässt sich leicht lösen, wenn man mit Giersch gestraft oder, wenn man so sagen will, gesegnet ist. Wenn man ihn wie Spinat kocht, dann ist dies wahres Glück im Unglück.« Was für ein fantastischer Tipp!

Seit ich auf dem Klei wohne, fällt mir immer wieder auf, dass Wiesenkerbel, der während der Sommermonate vollständig verschwunden zu sein scheint, im Herbst heimlich wieder sprießt. Es gibt im Herbst eine Zeit, in der junger Wiesenkerbel, als herrschte erneut Frühling, überall schüchtern erscheint. »Mancher Herbsttag ist wie ein Frühlingstag«, schrieb bereits Hebbel. Im November stirbt der Wiesenkerbel nicht ab, sondern es sieht so aus, als schaltete die Pflanze sich selbst auf Standby. In Erwartung des echten Frühlings hocken die gefiederten Blättchen im Gras. Friert es stark oder fällt ordentlich Schnee, dann könnte man fast meinen, sie seien verschwunden, aber es bleiben doch immer ein paar Blättchen zu sehen. Gibt es jedoch im Februar, so wie in diesem Jahr, drei aufeinanderfolgende warme Tage, dann fängt der Wiesenkerbel begierig an zu wachsen. Hier und da blühten im Februar sogar schon heimlich ein paar Pflanzen in meinem Garten. Der Wiesenkerbel war zwar klein geblieben, aber er wagte es dennoch, eine winzige weiße Blütendolde in die Luft zu strecken. Was noch fehlte, waren die Schwebfliegen. Als es im März plötzlich wieder bitterkalt wurde, wechselten alle inzwischen hochgewachsenen, Wiesenkerbelpflanzen erneut in den

Ruhemodus. In diesem Zustand frisst mein Ziegenbock sie übrigens sehr gern. Doch das macht dem Wiesenkerbel nichts aus. Rasch bildet er dann ein paar neue Blätter.

Es gibt keine andere Pflanze, die so scharf darauf zu sein scheint, rasch aus dem Boden zu schießen, sobald es nur irgendwie geht. Ein einziger warmer Tag im Februar, und alle Pflanzen schmuggeln schnell ein paar Zentimeter dazu, um dann wieder auf Stand-by zu schalten.

Anfang Mai verwandeln sich Straßenböschungen und Grabenufer, Gestrüppe und Obstgärten ganz und gar in wunderschöne Reservate für den üppig blühenden, flächendeckenden Wiesenkerbel. Stellen Sie sich den Himmel auch vor wie ein Grabenufer bei Hoogmade, wo am 3. Mai überall die wunderschönen weißen Blütendolden des Wiesenkerbels zu sehen sind? Die von Dutzenden von Schwebfliegen besucht werden, die fürchterlich schwer zu unterscheiden sind, auch wenn das Büchlein *Schwebfliegen* von Volkert van der Groot eine gute Hilfe ist. Bei mir in der Klasse war ein Junge, der nach Neuseeland ausgewandert ist. Jedes Jahr schrieb er im Mai seinen ehemaligen Mitschülern: »Ich wünschte, ich könnte noch einmal in den Niederlanden den blühenden Wiesenkerbel sehen.«

Holz für das Feuer

Jacques Bloem dichtete: »Holz für das Feuer, ein Buch und ein Glas Wein, / Das sind die Dinge des späteren Lebens.« Wegen meiner Herzrhythmusstörungen darf ich mir ein Glas Wein leider nicht mehr erlauben. Und ein gutes Buch, wo finde ich das? Ich habe schon alles gelesen. Doch Holz für das Feuer besitze ich im Überfluss. Allerdings: nicht in handlicher Größe. Ich muss selbst sägen und hacken. Von den vorigen Eigentümern meines Hauses habe ich eine Kettensäge mit Zweitaktmotor übernommen. Ein Unding. Wenn man damit arbeiten will, muss man den Motor vorher mit einer Schnur anziehen. Das ist schwerer als das Schreiben eines Sonetts. Daher habe ich zusätzlich noch eine Elektrosäge gekauft. Die funktioniert auf Knopfdruck. Aber eine elektrische Säge braucht Strom, und Strom bekommt man nur über ein Kabel. Wenn ich hinten im Garten arbeiten will, sind alle Verlängerungskabel zu kurz. Und außerdem ist die

Kraft von elektrischen Sägen begrenzt. Mächtigen Stämmen kann man damit nicht zu Leibe rücken.

Wenn es einem tatsächlich gelungen ist, die Motorsäge zum Laufen zu bringen, muss man sich schnell an die Arbeit machen. Das Benzin ist in Nullkommanichts alle. Außerdem kann der Motor auch unvermittelt wieder ausgehen. Doch es ist sehr befriedigend, zu sehen, wie sich die Kette durchs Holz frisst. Allerdings muss man immer damit rechnen, dass einem die Sägespäne ins Gesicht fliegen können. Landen sie in deinem Auge, dann ist man außer Gefecht gesetzt. Man kann auch eine Schutzbrille tragen. Doch die beschlägt, und dann sieht man ebenfalls nichts mehr. Kurzum, die ersten Schritte auf dem Weg zu Holz für das Feuer sind verdammt schwer. Denn man muss auch peinlich darauf achten, geschlossenes Schuhwerk zu tragen. Sonst landen die Späne in den Schuhen, und man erleidet Höllenqualen.

Hat man schließlich den Stamm in große Blöcke zersägt, dann geht es ans Hacken. Eine Spaltaxt ist dabei unentbehrlich. Je größer, desto besser. Ich habe eine so große Axt, dass eine durchschnittliche Frau sie nicht heben kann. Mich frappiert immer wieder, dass man weniger mit Kraft spaltet als mit einem geschickten Schlag. Natürlich, man muss auch durchaus ordentlich hinlangen. Wenn ich Holz hacke, und es kommt unerwartet ein Intellektueller zu Besuch, dann biete ich ihm immer meine Axt an: »Willst du auch mal hacken?« Nun, das wollen die Intellektuellen gerne. Als sie es mich tun sahen, schien es ganz leicht, also werden auch sie mal rasch einen Holzblock spalten. Ach, der Anblick eines Intellektuellen, der die Axt schwingt, um anschließend zuzuschlagen! Schon beim Hochheben bemerkt man einen panischen Blick. Zu dem tödlichen Schlag kommen sie nur selten. Meistens legen sie die Axt sanft auf das Holz. Große Bestürzung ist meist in ihren Augen zu lesen.

Nun gibt es Unterschiede beim Holz. Pappeln muss man nur streicheln, um sie zu spalten. Eichenholz ist wie Stahl. Dafür muss man über Riesenkräfte verfügen. Buchenholz lässt sich recht gut spalten, wenn man den Schlag rasch und unvermittelt ausführt. Buchenholz ist mit Abstand das schönste Holz. Es brennt lange und geräuschlos, man muss keine Angst vor Funkenflug haben. Das Holz von Trauerweiden duftet herrlich, wenn man es sägt, und lässt sich mühelos verarbeiten. Eschenholz ist zäh und faserig. Es ist eine wirkliche Kunst, es in Scheite zu spalten. Erlenholz hingegen bietet keinen großen Widerstand. So gibt es zu jedem Holz eine eigene Gebrauchsanweisung. Das beste Holz für das Feuer ist natürlich Eichen- oder Buchenholz. Pappelholz verbrennt so rasend schnell, dass man für ein Glas Wein oder gar für ein Buch keine Zeit mehr hat, wenn man damit heizt. Ständig muss man neues Brennmaterial heranschaffen und nachfüllen, wenn das Feuer nicht erlöschen soll.

Was das Holzspalten so interessant macht, ist die Tatsache, dass man dabei sehr viel Aggressivität abbauen kann. Neulich schrieb irgendein unglaublicher Dummkopf über Bach, man könne »große Teile des Orgel- und Kantatenwerks, die viele als eine Wiederholung des Immergleichen« empfänden, links liegen lassen. Das Gesetz verbietet es leider, jemanden, der solche dämlichen Ansichten veröffentlicht, zu keulen, so gerne man dies auch täte. Also ließ ich mich an Eichenblöcken aus, die ich vorher nicht gespalten bekommen hatte. Ich war so wütend, dass ich an einem Nachmittag zwei ganze Stämme wegarbeiten konnte.

Hausmüllhühner

Obwohl mein Vater immer sagte: »Polizei ist gut, doch ersetzt man die letzte Silbe durch ›tik‹, dann hat man Unrat«, habe ich dem Staat immer vertraut. Ich dachte: Klar, Politiker, das sind einfältige Trottel, denn wenn sie was auf dem Kasten hätten, dann hätten sie einen echten Beruf erlernt. Aber ich ging davon aus, dass sie fachmännisch beraten werden. Bis 1986. Damals, nach der Katastrophe von Tschernobyl, erließ die niederländische Regierung ein Weideverbot. Die Kühe, nach dem Winter gerade erst wieder aus dem Stall, mussten wieder runter von den Wiesen. Viehhalter, die das Verbot missachteten, bekamen ordentliche Bußgelder aufgebrummt. In Deutschland gab es kein Weideverbot. Entlang der Grenze wurden also niederländische Viehhalter bestraft, die fünfhundert Meter entfernt die Kühe ihrer Nachbarn fröhlich grasen sahen. Das Weideverbot war der größte Unsinn, ebenso wie die damalige Empfehlung, keinen

Spinat mehr zu essen. Viele Mineralwässer waren radioaktiver als jedes niederländische Gras und durften einfach weiter verkauft werden. Und wer ein Sonnenbad nahm, wurde größerer Strahlung ausgesetzt, als wenn er einen Teller Spinat gegessen hätte.

Mit dem Weideverbot und der Spinatempfehlung wollte die Regierung zeigen, dass sie bereits Maßnahmen ergriff. Es spielte keine Rolle, dass diese Maßnahmen bar jeden gesunden Menschenverstands waren, es ging nur darum, Handlungsfähigkeit zu demonstrieren.

Ich hätte mir daher auch nicht vorstellen können, dass sogar ich, dessen Vertrauen in die Behörden schon damals so erschüttert worden war, vor Überraschung hintenüberfallen würde angesichts der bestürzenden Dummheit einer neuen Anordnung. Dass die Regierung uns, im Rahmen ihrer gnadenlosen Mordlust, der schon Millionen Schweine sowie Hunderttausende Kühe und Schafe zum Opfer gefallen sind, jetzt auch mit einem beispiellosen Hühnermassenmord überrascht hat, war vorherzusehen. Dass die willigen Vollstrecker von Minister Veerman dabei auch das Federvieh der sogenannten Hobbylandwirte über die Klinge springen ließen – kurzsichtig und dumm, da wilde Schwäne, Gänse und Enten, die tausendmal mobiler sind als das Hobbyfedervieh, das Virus auch übertragen können –, wundert mich auch nicht, denn im Landwirtschaftsministerium leuchtet seit Langem die Mordlust in allen Augen. Aber dass man dabei die Anordnung erließ, das Federvieh lebend in Kisten

an den Straßenrand zu stellen, damit es bequem eingesammelt und vernichtet werden konnte – ich konnte es
zunächst kaum glauben. Die Behörden verlangten von
den Hobbyhühnerhaltern, sie sollten ihre eigenen ge-
liebten Hühner einfach so wie lebenden Hausmüll an
den Bürgersteig stellen. In meinem Garten laufen auch
vier tüchtige Hühner herum. Ich mag die Tiere sehr.
Nicht im Traum käme ich auf die Idee, sie in Kisten wie
Hausmüll an die Straße zu stellen. Ich würde mich einfach weigern. Da das Virus hochgradig ansteckend ist, ist
es im Übrigen vollkommen unverantwortlich, Hühner,
die vielleicht Träger des Virus sind, in Kisten an die
Straße zu stellen. Das ist die beste Methode, das Virus
schnell in alle Himmelsrichtungen zu verbreiten. Wer
mag sich so etwas ausgedacht haben? Solche Menschen
sind vollkommen unzurechnungsfähig. Also Sicherungs-
verwahrung mit Zwangstherapie.

Denkt dran, liebe Leute, dass es, wenn wir nicht alle
lautstark gegen diese Übelkeit erregenden Maßnahmen
protestieren, nicht dabei bleiben wird. Es gibt sehr an-
steckende Tierseuchen, bei denen auch Hunde und Katzen das Virus übertragen können. Wenn eine solche
Krankheit ausbricht – und das geschieht früher oder später unausweichlich –, werden die Sicherungsverwahrten
im Landwirtschaftsministerium verordnen, dass die sogenannten Gesellschaftstiere »gekeult« werden. Dann
müssen Sie Ihre Katze oder Ihren Hund wie Hausmüll in
einer Kiste an die Straße stellen.

Die Kleikartoffel

Die Kartoffel hat schon seit einiger Zeit einen schlechten Ruf und gilt als langweilig. Ihr Nährwert allerdings
ist, anders als die Skeptiker uns glauben machen wollen,
phänomenal. Im 19. Jahrhundert lebten Arbeiter mitunter ausschließlich von Kartoffeln! Als 1845 die Kartoffelernte sehr schlecht ausfiel, da hatte dies schreckli-
che Folgen. Ein Kaufmann schrieb an den König: »Durch
den Wegfall der Kartoffel fehlt dem mit Abstand größten
und bedürftigsten Teil der Nation das wichtigste Nahrungsmittel. Abertausende kennen in der Regel kein
anderes Morgen-, Mittag- und Abendmahl. Was soll man
ihnen stattdessen geben?«

Eine Kartoffel kann eine Delikatesse sein, wenn einige Bedingungen erfüllt sind. Erstens sollte sie vorzugsweise in Kleiboden gewachsen sein. Einer der Männer,
die auf meinem Grundstück einen Schrebergarten haben, singt immer:

Auf Sand gärtnert's sich leicht,
doch dumm, wer dahin ausweicht.
Wer sich wünscht leck're Speis,
der lässt auf Klei seinen Schweiß.

Alles, was auf dem leider so schwer zu bearbeitenden Klei gewachsen ist, schmeckt tatsächlich besser als das, was von Sand- oder Torfböden kommt. Dies gilt insbesondere für die Kartoffel. Eine echte, anständige Kartoffel ist eine Kleikartoffel.

Solch eine herrliche Kleikartoffel erweist sich, zweitens, dann als besonders schmackhaft, wenn sie nach der Ernte so bald wie möglich gegessen wird. Raus aus dem Boden, rein in den Mund! Einen Klacks saure Sahne dazu, und der Geschmack ist ganz unglaublich! Vor allem frühe Kartoffeln – ich baue »Lekkerlander« an – müssen so genossen werden. Aber auch späte Kartoffeln – ich pflanze meistens »Woudster« – sind dann besonders lecker, wenn sie nach der Ernte sogleich auf dem Teller landen. Leider kann man nicht die gesamte Ernte gleich nach dem Roden aufessen und muss daher hinnehmen, dass auch der Geschmack der köstlichen Kleikartoffeln bei längerer Lagerung abnimmt.

Für die niederländischen Konsumkartoffeln, wie sie in den Supermärkten angeboten werden, gilt, drittens, dass ausschließlich Sorten angebaut werden, die einen großen Ertrag bringen und resistent gegen Krankheiten sind, deren Geschmack aber miserabel ist. Was das angeht, ist man privilegiert, wenn man wie ich auf Klei Sorten wie »Lekkerlander« oder »Woudster« anbauen kann. Die haben mehr Geschmack als »Bintjes« oder »Eigenheimer«. Übrigens bekomme ich von irisch-indonesischen Verwandten seit einigen Jahren französische Saatkartoffeln, »Rattes«, aus denen längliche, kommaförmige Kartoffeln wachsen, deren Geschmack den der berühmten »Opperdoes« noch übertrifft. Leider haben sich die »Rattes« in diesem verregneten Sommer sehr schlecht entwickelt. Aber sie sind der endgültige Beweis, dass eine Kartoffel überaus köstlich sein kann.

Es besteht keinerlei Grund, Kartoffeln mit einer der fettigen und daher schrecklich ungesunden Kartoffeln-einmal-anders-Fertigsaucen zu gratinieren. Was ich Ihnen hinsichtlich der Kartoffel empfehle, ist: Kochen Sie die Kartoffeln nicht, dünsten Sie sie. Es macht nicht viel Mühe, einen kleinen Metallkorb zu kaufen, den man über einer dünnen Wasserschicht in den Topf hängt. Die geschälten Kartoffeln kommen in den Korb, dann bringt man das Wasser zum Kochen, und die Kartoffeln werden gedünstet. Es lohnt sich wirklich, sie auf diese Weise zuzubereiten. Der Geschmack ist besser, die Kartoffeln zerfallen nicht und bleiben beißfest. Vor allem meine »Woudster« schmecken sehr viel besser, wenn sie gedünstet sind. Wenn Sie die altmodischen, mehligen, pampigen Matschkartoffeln mögen, dürfen Sie natürlich nicht dünsten, aber ich versichere Ihnen: Es ist Sünde, sie zu kochen.

Jetzt werden Sie vielleicht sagen: »Du hast leicht reden mit deinen eigenen Kartoffeln vom eigenen Kleiboden.« Stimmt, aber auch Sie können in Reformhäusern problemlos leckere Kleikartoffeln kaufen anstatt der Ekelsorten im Supermarkt. Übrigens, auch auf den normalen Wochenmärkten findet man oft Stände, an denen besondere Kartoffelsorten verkauft werden. Wer die widerlichen Kartoffeln-einmal-anders-Saucen und Supermarktkartoffeln kaufen kann, kann auch die teureren Kleikartoffeln im Bioladen holen und kommt dennoch billiger weg, wenn er die eklige Fertigsauce stehen lässt!

Groninger Krone

Auf meinem Grundstück stehen zwanzig Apfelbäume, sieben Birnbäume und zwei Pflaumenbäume. Dreizehn der Apfelbäume und alle Birnbäume gehören zu den sogenannten Hochstammobstbäumen. Birnen sind in diesem Jahr (2001) kaum an den Ästen erschienen. Selbst die Kochbirne, die sonst immer überreichlich trägt, hat diesmal mit ihrer Gewohnheit vollkommen gebrochen. Doch auch wenn die Birnen reichlich tragen, führt das nie zu Problemen. (Koch-)Birnen nimmt jeder gern. Anders verhält es sich mit den Äpfeln. Wenn man zwanzig Bäume hat, dann geht man sogar in einem mageren Jahr in Äpfeln unter. In seiner Verzweiflung verteilt man an alle Besucher Plastiktüten voller Äpfel. Allen Herbstinterviewern und -fotografen lade ich den Kofferraum voll.

Dennoch fallen weiter die Äpfel vom Baum, und ich weiß manchmal beim besten Willen nicht, wohin damit.

Es ist ein seltsames Luxusproblem. Man weiß, dass man überall in den Niederlanden eine Reihe von älteren Menschen mit einer altmodischen, großen dunkelroten Sternrenette glücklich machen könnte. Bei mir fallen sie zu Dutzenden von so einem prächtigen Mondriaanbaum. Meine Ziegen rümpfen vor ihnen die Nase, und ich selbst kann nicht mehr als zwei Äpfel am Tag essen, ansonsten werde ich aufgrund von lauten Gasausscheidungen für meine Umgebung vollkommen ungenießbar. Hinzu kommt, dass die rote Sternrenette, so schön sie auch manchmal aussieht, geschmacklich nicht zu vergleichen ist mit zwei anderen Sorten, die auf meinem Grundstück wachsen: dem Notarisapfel und der Groninger Krone. Ich habe nur einen Notarisapfelbaum, doch der trägt jedes Jahr reichlich. Der Notarisapfel ist eine sehr große tiefgrüne Frucht. Er ist etwas säuerlich, das Fruchtfleisch ist fest, zart und saftig, und wenn man einen einzigen dieser grünen Fußbälle gegessen hat, dann hat man das Gefühl, ein Drei-Gänge-Menü zu sich genommen zu haben. Von diesen Äpfeln kann man also höchstens einen am Tag essen.

Noch leckerer als den Notarisapfel finde ich die Groninger Krone. Davon habe ich drei große Hochstammbäume. Das Merkwürdige ist, dass diese drei Bäume Früchte unterschiedlichen Formats liefern. Der am besten tragende Baum produziert Hunderte herrliche, einigermaßen längliche Äpfel mit wunderbar rot leuchtenden Wangen. Man muss sie essen, wenn sie noch nicht vollständig ausgereift sind. Der Geschmack des leicht säuerlichen, noch ein wenig herben Fruchtfleisches ist unvergleichlich. Der zweite Baum, an dem alljährlich rund zwanzig Äpfel hängen, kompensiert sein spärliches Angebot mit Groninger Kronen, die noch schmackhafter sind als die des reich tragenden ersten Baums. Bis jetzt habe ich immer geheim gehalten, dass diese Äpfel die leckersten sind, die es überhaupt gibt, und deshalb hatte ich die Äpfel immer alle ganz für mich allein. Jetzt gerade hängt noch ein Apfel am Baum, und den werde ich sehr bald essen! Der dritte Baum liefert winzig kleine Äpfel. Die schmecken auch gut, aber weil die beiden anderen Bäume schon genug tragen, verfüttere ich diese kleinen Krönchen an meine Ziegen. Ihnen sind das willkommene Häppchen.

Merkwürdig ist, dass man die Groninger Krone, der mit Abstand leckerste Apfel, den ich jemals gegessen habe, in keinem niederländischen Obst- und Gemüsegeschäft kaufen kann. Alles, was dort an Neppäpfeln angeboten wird, reicht geschmacklich bei Weitem nicht an die Groninger Krone heran. Übrigens schmeckt auch noch jeder einzelne Notarisapfel unendlich viel besser als die Apfelsorten, die man im Laden bekommt.

Außer meinen Groninger Kronen und den Notarisäpfeln habe ich zwei Bäume, die unangenehm süße Äpfel tragen. Zum Glück sind die Kühe meines Nachbarn wild darauf, sodass ich sie ohne große Mühen loswerde. An zwei Bäumen wächst der wunderbare Boskoop. Auch hier beobachte ich das merkwürdige Phänomen, dass an dem einen Baum winzig kleine Früchte wachsen, während der andere riesige Äpfel trägt. Vom letzten Baum ernte ich alljährlich rund sechs Kisten Goldrenetten. Zum Glück kann man diese Äpfel recht lange lagern. Sie lassen sich bis weit in den Februar essen, auch wenn sie dann oft ein wenig runzlig sind. Der große Schöne aus Boskoop schmeckt ausgesprochen gut, und diese Sorte findet man durchaus noch in den Geschäften.

Erstaunlich bleibt jedoch, dass der leckerste Apfel, die Groninger Krone, aus den Regalen der Obstläden vollständig verschwunden ist. Gut, er ist eine Hochstammfrucht, und weil die schwer zu pflücken ist, ist man auf andere Sorten ausgewichen. Der Geschmack wurde der Bequemlichkeit geopfert. Aber dass die Konsumenten sich derart gängeln lassen! Ich bin davon überzeugt, dass Eva im Paradies ihre Zähne in eine Groninger Krone gebohrt hat. Wäre der Baum der Erkenntnis von Gut und Böse so ein moderner Niederstammobstbaum gewesen, dann hätte es den Sündenfall nie gegeben.

PS. Hier ist eine Ergänzung angebracht. Die Groninger Krone wird schnell mehlig, und der Geschmack nimmt nach dem Pflücken rasch ab. Deswegen wurde sie von anderen Apfelsorten verdrängt.

Eine Herde Regenwürmer

Dem Vorbild meines Vaters folgend, habe ich lange Zeit immer in Holzschuhen gegärtnert, doch dank der reichlichen Regengüsse, die unser Land plagen, schwappte das Wasser gerne bei jedem Gang in den Garten über die Ränder. Deshalb habe ich mir neulich Stiefel gekauft. Darin rücke ich jetzt dem nassen Klei zu Leibe. Obwohl ich nun waten kann, ohne dass meine Socken nass werden, habe ich dennoch erst die Hälfte meines Gartens umgegraben. Gerade als mich deswegen heftige Gewissensbisse beschlichen, fiel mir das Büchlein *1 x 1 des Bio-Gärtnerns* von Marie-Luise Kreuter in die Hände. Darin fand ich ein Kapitel mit der Überschrift »Umgraben? Nein, danke!«. Marie-Luise Kreuter sagt darin: »Der Spätherbst ist in zahlreichen Gärten die Zeit des Spatens und der Rückenschmerzen. Das ist so Tradition seit Urgroßvaters Zeiten.« Falsch, findet sie. »Ein Bio-Gärtner sollte sich stattdessen lieber eine Stunde auf seine Bank setzen. Während die letzten Strahlen der Herbstsonne seinen ausgeruhten Rücken wärmen, denkt er nach.«

Was bringt dieses Nachdenken? Die Erkenntnis, dass es unlogisch ist, den Boden, den man ein ganzes Jahr bearbeitet hat, brutal »mit einem scharfen Eisenblatt« umzugraben. Denn was dabei herauskommt, ist Folgendes: »Die sauerstoffliebenden Mikroorganismen der oberen Zone landen dabei in der luftarmen Tiefe. Die Lebewesen der unteren Humusschicht finden sich dagegen plötzlich unter freiem Himmel wieder.« Und dann brauchen »die Milliarden ›Bodenheinzelmännchen‹« viel Zeit, ehe sie ihren angestammten Ort wiedergefunden haben.

Das klingt alles sehr plausibel. Außerdem möchte man es gern glauben, schon wegen der Gewissensbisse. Frau Kreuter legt dann etwas weiter unten dar, dass man die Regenwürmer die Arbeit tun lassen muss. Eine unterirdische Herde arbeite für Bio-Gärtner, und jedes Herdenmitglied setze in einem Jahr das Siebzigfache des eigenen Körpergewichts in Humus um. O wie ermutigend und beruhigend das klingt!

Auch in alternativen Gartenzeitschriften wird oft der Bannfluch über das Umgraben verhängt. Einer der Bio-Gärtner, der einen Teil meines Grundstücks zum Nießbrauch hatte, arbeitete mit einer merkwürdigen Neptungabel. Sie war dreizinkig. Mit einer hin- und hergehenden Bewegung hebelte er den Klei los. Als er aufhörte zu gärtnern, hat er mir die Gabel geschenkt. Wenn

126

die Erde bereits einigermaßen krümelig ist, dann ist diese Gabel ein prächtiges Werkzeug. Ein Art Handfräse.

John Seymour präsentiert in seinem Buch *Selbstversorgung aus dem Garten* die »Nicht-umgraben-Methode«. Sie basiert darauf, dass immer eine mindestens fünf Zentimeter dicke Schicht gut vermoderter Kompost auf der Erde liegt, die alljährlich erneuert wird. Man sät und pflanzt alles in diese Schicht. Doch wo bekommt man so viel gut vermoderten Kompost her? Seymour meint dazu, alle Nicht-Umgraber müssten große Mengen organischen Materials heranschaffen, egal, welche Pflanzen sie anbauten. Ein ihm bekannter Nicht-Umgraber bekommt tonnenweise zusammengekehrte Blätter vom örtlichen Grünflächenamt. Ein anderer wohnt neben einer Blumenzucht, und deren Besitzer ist froh, dass er das, was er als Abfall bezeichnet, haufenweise über den Zaun werfen kann.

Leider wirft mir niemand Blätter und Pflanzenabfälle in den Garten. Allerdings wird, gar nicht mal weit von mir, das Laub, das von den Bäumen auf die Wege des katholischen Altenheims fällt, auf einen Haufen geworfen. Das darf ich mir nehmen. Eigentlich freue ich mich darüber sehr, doch immer, wenn ich meinen John-Deere-Aufsitzmäher samt Anhänger mit halb vermoderten katholischen Blättern belade, frage ich mich auch sorgenvoll, wie viele Schwermetalle sich darauf abgelagert haben. Von meinen Nachbarn, die einen Mietstall betreiben, kann ich so viel Pferdemist bekommen, wie ich nur will. Doch in dem Mist befinden sich so viele Samen, dass Flachs, Weizen, Roggen und allerlei anderes Getreide üppig sprießt, wenn ich ihn im Garten verstreue.

Ich fürchte, es bleibt mir nichts anderes übrig, als den Spaten zur Hand zu nehmen. »Die großen graubraunen Ackerregenwürmer (*Lumbricus terresetris*) sind der lebendige Spaten des Bio-Gärtners«, sagt Frau Kreuter. Ach, was wäre das herrlich, wenn die Herde tatsächlich schöne, lockere Erde für mich produzieren würde, doch leider ist die harte Wirklichkeit eine vollkommen andere. Der Garten ist ein einziger großer Sumpf. Überall spiegeln Wasserpfützen den Himmel, an dem bereits wieder neue Regenwolken herantreiben. Wohl aber sind, weil der Grundwasserspiegel enorm gestiegen ist, die Regenwürmer aus der Tiefe nach oben gekommen. Man kann es an den Möwen erkennen. Riesige Schwärme bevölkern die Weiden rund um mein Haus. Den ganzen Tag trippeln sie auf den Boden. Und dann tun sie sich an den Regenwürmern gütlich, die sie aus dem Boden getrippelt haben. Da geht sie dahin, die Herde, die für mich die ganze Arbeit erledigen sollte!

Netze

Hat man Johannisbeersträucher, und die habe ich, dann muss man zu Hexentricks greifen, um die reifenden Beeren vor den furagierenden Amseln und Drosseln zu schützen. Mit sündhaft teuren Netzen, die man über die Sträucher drapiert, kann man die Schäden halbwegs minimieren. Zwar finden die Vögel immer ein Loch im Netz, aber die Beeren werden zumindest nicht mehr in solch einem unwahrscheinlich rasenden Tempo aus den Trossen gepickt. Ein großer Nachteil ist jedoch, dass schlingende Vögel leicht in Panik geraten. Dann finden sie auf die Schnelle das Loch nicht wieder, durch das sie unter die Netze geschlüpft sind, und geraten auf der Flucht in die Maschen. Oft gelingt es mit großer Mühe, einen solchen Vogel wieder herauszuschneiden, doch wenn eine Amsel durch stundenlanges Flattern versucht hat, sich selbst zu befreien, dann ist sie mitunter verletzt und blutet sogar.

Besser ist es also, einen Käfig aus Hühnerdraht um die Beeren herumzubauen. In dem Draht können sich die Vögel nicht verheddern. Doch wenn die Sträucher überall auf dem Grundstück verstreut stehen, dann ist auch dies keine Lösung. Ich lasse meine Sträucher daher ungeschützt, denn der Anblick von zerzausten, blutenden und mitunter gar toten Vögeln, die in den Netzen hängen, finde ich unerträglich. Dann eben keine Johannisbeeren. Außerdem entwickele ich alljährlich eine große Verbundenheit mit meinen Amseln und Drosseln. Jede von ihnen hat in der Regel einen unverkennbaren Ruf. In diesem Jahr gab es eine große Drossel, die immer »Peeters Nichtsnutz« rief. Auf einen solchen Vogel will man für kein Geld der Welt verzichten.

Einer »meiner« Schrebergärtner hat allerdings ebenfalls Johannisbeersträucher. Ich kann ihm kaum verbieten, sie mit Netzen zu schützen, und deshalb behalte ich sie immer scharf im Auge. Sobald sich ein Vogel darin verfängt, schneide ich ihn mit einer Schere heraus.

In diesem Jahr baumelte, als ich am frühen Morgen des längsten Tages über mein Grundstück patrouillierte, eine junge Drossel im Netz. Sie hatte sich hoffnungslos in den Maschen verheddert und hing kopfüber, die beiden Füße von einem Tau ordentlich in Gebetshaltung verschnürt. Ihre Eltern saßen in der Nähe und blubberten noch leise ihren Alarmruf. Offenbar hatten sie die Hoffnung aufgegeben. Die junge Drossel sah mich munter an. Angst hatte sie keine, sie flatterte nicht, und sie unternahm auch keine Fluchtversuche. Seelenruhig wartete sie darauf zu sterben. Leider hatte ich meine Schere nicht dabei. Ich rannte also ins Haus, nahm schnell meine Schere und eilte wieder zurück. Die junge Drossel hing noch unverändert in den Maschen. Connie Palmen hat geschrieben: »Kein Tier verhält sich zum Tod. Menschen schon. Menschen wissen um den Tod.« Das ist von den vielen Dummheiten, die diese Zecherin hingeschrieben hat, wohl die dämlichste – allein schon beim Anblick und am Gekreisch eines Schweins auf dem Weg zum Schlachthof kann man erkennen, dass die Tiere sehr wohl ein Bewusstsein vom Tod haben –, doch die junge Drossel hier schien diese Ansicht zu bestätigen.

Das Tier ließ sich greifen, ohne in Panik zu geraten. Gelassen verschwand es in der Höhlung meiner Hand. Das war ein großes Glück, denn meistens flattern die Vögel, die man retten will, so heftig, dass sie sich neue Verletzungen zufügen. Und wenn man sie halb losgeschnitten hat, entschlüpfen sie der Hand, obwohl sie noch ein halbes Dutzend Fäden um die Flügel haben. Dann ist der Vogel doch noch zum Tode verurteilt.

Ich schnitt und schnitt. Es war unglaublich, wie viele Maschen und Fäden sich um den Körper, die Flügel, den Kopf und die Beinchen gewickelt hatten. Immer wieder tauchten neue Fäden auf, die durchgeschnitten werden mussten. Hat man alle Fäden durchtrennt, muss man sie vorsichtig aus den Federn ziehen. Das ist eine heikle Aufgabe, denn dabei muss man dem Vogel in der Hand ein wenig Spiel geben. Und von diesem Raum macht der Vogel normalerweise Gebrauch, um unvermittelt das Weite zu suchen. Diese noch mit vielen braunen Flaumfedern ausgestattete kleine Drossel blieb jedoch ruhig in der Höhlung meiner Hand sitzen. Und die ganze Zeit über sah sie mich mit ihren wachen, kecken Äuglein an. Als alle Fäden entfernt waren, sagte ich: »Ich glaube, nun sind alle Fäden raus. Flieg ruhig los.« Sie sah mich scharf an, streckte sich auf meiner Handfläche, schüttelte ihr Federkleid und flog mühelos davon.

Die Flatterbinse

Ich warte nun schon seit zwei Wochen darauf, dass mein Klei trocken genug wird, sodass ich ihn umgraben kann. Seit Februar hat es fast jeden Tag geregnet. Mein Nachbar, Bauer Bertus, wagt es noch nicht, seine Kühe auf die Weide zu bringen. Auf der Wiese, wo das zarte, saftige grüne Gras bereits hoch steht, schwappt das Wasser über die Holzschuhränder, wenn man sich dort kurz die Füße vertritt.

Auch bei mir steht das Gras hoch. Ich lasse meine Ziegen darauf weiden. Anders als die schweren Kühe können sie den Boden nicht zertrampeln. Weil sie so erstaunlich wählerisch sind, bleibt, wenn sie eine Parzelle abgegrast haben, stets eine Pflanzenart unangetastet. Stolz erhebt sie sich inmitten von kurz gefressener Trespe und Hundsgras. Dadurch ist mir erst jetzt aufgefallen, wie unaufhaltsam sich eine bestimmte Pflanze verbreitet hat, seit im vorigen Mai das Regenbombardement begonnen hat. Was meinen Garten da so massenhaft infiltriert hat, ist die gefürchtete Flatterbinse. Die Flatterbinse gehört zur Familie der Juncaceae oder auch, anders ausgedrückt, der Binsengewächse. Es ist eine nur kleine Familie, bestehend aus zwei Geschlechtern: Binsen und Hainsimsen. Die Zahl der Arten ist in den Niederlanden klein. Es gibt rund zwanzig Binsenarten und nicht viel mehr als fünf Hainsimsenarten.

In der illustrierten Flora von Heimans, Heinsius und Thijsse steht über die Binsen lediglich: »Die Pflanzen, die zu dieser Familie gehören, wachsen meist auf feuchtem, saurem Boden. Sie weisen oft auf schlechten Boden hin und haben als Viehfutter geringen bis keinen Wert.« Stimmt, nicht eine Ziege würde auch nur knabbern an der Flatterbinse. Sie sieht zudem sehr unappetitlich aus. Stellen Sie sich vor: eine ganze Menge dunkelgrüne, speerartige dünne Röhrchen, die in einem fächerartigen Kreis stehen. Unten sind diese Röhrchen schlicht braun. Wenn man versucht, eine Flatterbinse auszureißen, dann kommt es einem so vor, als würde sie sich aktiv dagegen wehren. Mit der Hand bekommt man sie nicht aus dem Boden. Man muss sie mit dem Spaten oder der Mistgabel ausgraben, und dann kommt eine dichte, Soden bildende Wurzel zum Vorschein. Wenn man diese Wurzel aus der Erde hebt, bleibt eine Art Bombenkrater zurück. Unter den aktuellen Umständen füllt sich dieser Bombenkrater augenblicklich mit Wasser.

Überall auf meinem Grundstück hat sich die Flatterbinse angesiedelt. Dort, wo sie sich unter Beerensträuchern oder zwischen Brennnesseln verstecken konnte, ist sie schon kniehoch gewachsen. Wo ich sie finde, rücke ich ihr mit all meinen Metallgerätschaften zu Leibe, doch manche Pflanzen sind bereits zu derartigen Wolkenkratzern geworden, dass ich sie schlicht und einfach nicht aus der Erde kriege.

In der *Flora* von Heukels und van Ooststroom (15. Auflage) liest man, dass diese Pflanze auf schlechtem Weideland wächst. Das muss ich mir nicht sonderlich zu Herzen nehmen, denn wirkliches Grasland ist mein Grundstück nicht. Doch in der *Ökologischen Flora der Niederlande* von Weeda hört man dramatischere Töne. »Die Flatterbinse gedeiht an allerlei feuchten, kalkarmen bis kalklosen Standorten, doch vor allem auf mäßig bis stark sauren, zumindest im Winter nassen Böden, die gedüngt werden oder gedüngt wurden. Mehr als die meisten anderen Pflanzen fühlt sie sich in sauren Milieus mit unregelmäßig wechselnden Wasserständen wohl. Oft findet man sie an Stellen, die abwechselnd unter Wasser stehen und austrocknen und wo der Boden verschlammt ist.«

Eigentlich wusste ich es bereits, und dennoch ist es ein harter Schlag, wenn das Urteil lautet, der Boden in deinem Garten ist verschlammt. Doch wie sollte es auch anders sein in Anbetracht der Tatsache, dass es seit dem vorigen Mai praktisch ununterbrochen geregnet hat. Natürlich, ich muss Kalk streuen, ganze Kübel Kalk, doch wenn es so weiterregnet, wird der Kalk einfach wieder weggespült.

In der *Ökologischen Flora* steht zudem: »Zahlreiches Auftreten von Flatterbinse ist oft ein Zeichen dafür, dass das Biotop aus dem Gleichgewicht geraten ist.« Wie bekomme ich mein verschlammtes Biotop wieder ins Gleichgewicht? Wie verdränge ich die Flatterbinse? Nur wenn es ab sofort nicht mehr regnet und bis zum nächsten Mai trocken bleibt, darf ich mir vielleicht Hoffnung auf ein wenig Besserung machen. Oder würde der Boden dann etwa wieder austrocknen?

Auf jeden Fall habe ich nun überall kleine Gräben gegraben, um meinen verschlammten Boden so gut wie möglich zu entwässern. An den Anbau von Spitzkohl, Endivien und Salat wage ich kaum zu denken. Erst muss die Flatterbinse weg. Die Endivien- und Spitzkohlpflänzchen, die ich vorigen Monat gesetzt habe, wurden in der Nacht darauf alle sofort von Schnecken aufgefressen. Ein Lichtblick: Zwischen den Flatterbinsen sprießen meine Dicken Bohnen kräftig, und hier und da entdecke ich tatsächlich ein paar hellgrüne Mangoldblättchen.

Porree pflücken?

Der Ort Jorwerd liegt auf dem Klei. Deshalb gelten dort im Land- und Gartenbau dieselben Gesetze wie bei mir. In Geert Maks Buch *Wie Gott verschwand aus Jorwerd* stieß ich jedoch auf eine Passage von schauerlicher Rätselhaftigkeit. Um Ihnen deutlich machen zu können, wie geheimnisvoll der Absatz ist, muss ich Ihnen etwas über den Anbau von Porree erzählen.

Im Sommer sät man an einer geschützten Stelle Porree. Bald schon sprießen Dutzende von Pflänzchen. Wenn man sie zu dicken Porreestangen heranwachsen lässt, behindern sie einander in zunehmendem Maße im Wachstum. Man muss die dünnen Stangen daher vereinzeln. Im Abstand von rund zehn Zentimetern bohrt man einen Pflanzer tief in den Klei, sodass ein kleiner Minenschacht entsteht. In diesen Schacht lässt man eine Porreepflanze sinken. Unter Porreezüchtern wird kontrovers diskutiert, ob man die langen weißen Wurzeln, die wie ein Bart unten an der Pflanze hängen, zuerst kürzen sollte, bevor man sie in die Erde setzt. Ich mache das nie, aber vielleicht ist das unklug.

Eine zweite Kontroverse bezüglich des Pflanzens von Porree gibt es hinsichtlich der Frage, ob man die langen, dünnen grünen Blättchen kürzen sollte. Ja, sagen die Befürworter, denn aus den Blättern verdunstet viel Feuchtigkeit, und die Wurzeln einer soeben gepflanzten Porreestange sind anfangs noch nicht in der Lage, Wasser aus dem Boden aufzunehmen. Deshalb vertrocknet sie. Das klingt plausibel, aber ich schneide trotzdem nie etwas von den Blättern ab. Um ein Vertrocknen zu verhindern, gieße ich zunächst täglich ein wenig Wasser in den Porreeschacht. Anders als Sie vielleicht denken, füllt man einen solchen Porreeschacht nicht mit Erde, nein, den lässt man einfach offen. Porree muss die Möglichkeit haben, an Umfang zuzunehmen, und das geht besser, wenn das Loch, worin er steht, nicht mit Klei aufgefüllt wird.

Je tiefer man die Porreepflanze in die Erde versenkt, umso länger wird die schöne weiße Stange des ausgewachsenen Porrees. Glauben Sie ja nicht, man könnte so eine Porreestange an den aufragenden grünen Blättern einfach so aus dem Klei ziehen. Dann bricht die Stange für gewöhnlich ab. Nein, vorsichtig steckt man eine Grabgabel neben der Pflanze tief in den Boden (aufpassen, dass man dabei den Porree nicht berührt!). Anschließend lockert man den Klei und löst die Stange vorsichtig aus der Erde. Hat man erst einmal ein paar Stangen aus dem Boden geholt, muss man sich vor den schmutzigen Wurzeln hüten. Am besten ist es, etwa drei Stangen so nach Hause zu tragen, dass die Wurzeln auf gleicher Höhe sind. Dann können sie nur einander berühren und kommen nicht an den essbaren Teil darüber.

Jetzt wissen Sie genug, um zu verstehen, wie rätselhaft der Abschnitt bei Geert Mak ist. Der lautet wie folgt: »Aber jetzt lag Peet selbst im Grünkohl, tot, mit dem Gesicht nach unten, in seinem Garten, halb in einen Wassergraben gerutscht, und danach läuteten die Glocken die vorgeschriebenen Schläge. Folkert hatte ihn gefunden: ›Er hatte noch Porree pflücken wollen, der Eimer stand neben ihm. Tja, so laufen die Dinge nun mal‹, sagte Folkert in der Kneipe.«

Wir müssen also davon ausgehen, dass Peet, auf dem Weg zu seinem Porree, im Kohl dem Tod begegnete. Das ist möglich. Grünkohl, Rosenkohl, Endivien, Porree, die stehen auch in meinem Garten. Aber dass er Porree pflücken wollte, und das auch noch mit einem Eimer – ich werde nicht schlau daraus. Porree pflücken? Porree kann man, vor allem auf Klei, nur ernten, indem man so vorsichtig wie möglich mithilfe einer Forke oder eines anderen Grabwerkzeugs die Stangen aus dem Pflanzschacht hebt. Eine Handlung, die auch nur im Entferntesten an Pflücken erinnert, wird dabei nicht ausgeführt. Und dann der Eimer. Offenbar suggeriert Folkert hier, dass Peet den gepflückten Porree hinterher in einem Eimer nach Hause hatte tragen wollen. Etwa so, wie man, wenn man Goldrenetten pflückt, die Äpfel in einem Eimer heimwärts transportiert. Aber Porree in einem Eimer? Das ist bestimmt nicht schlau. Wenn man mit dem Eimer nach Hause geht, kommen die schmutzigen Wurzeln unweigerlich in Kontakt mit den sauberen Stangen. Transportiert man Porree in einem Eimer, kommt man mit Dreckszeug heim.

Die letzten Worte Folkerts in dieser Passage lauten: »So laufen die Dinge nun mal.« Das Merkwürdige ist: So laufen die Dinge meiner Meinung nach ganz und gar nicht, jedenfalls nicht, wenn es um Porree geht. Oder sollten in Jorwerd prächtige Porreebäume wachsen, von denen Evas und Adams, von Gott ungehindert, denn den gibt es dort ja nicht mehr, dieses begehrenswerte Wintergemüse einfach so pflücken können?

Umgrabmusik

Bis heute habe ich, auf Trockenheit und ein wenig Boden-
frost wartend, das Umgraben meines Gemüsegartens
immer wieder verschoben. Doch leider, weder Trockenheit noch Kälte kamen ins Land. Im Gegenteil, es war so
nass, dass die Stromkabel in meinem Garten einen Kurz-
schluss verursachten. Der Strom fiel aus, ein Wagen des
Energieversorgers fuhr vor, und die Monteure gruben
auf der Suche nach den Leitungen meinen ganzen Garten um. Bis auf ausgerechnet den Teil, den ich noch umgraben musste.

Weil ich als Graber viel zu ungestüm zu Werke gehe,
ermahne ich mich selbst mit Umgrabmusik zur Gemächlichkeit. Diese Musik höre ich mit dem Walkman. Mir ist
aufgefallen, dass es offenbar nur wenige Stücke gibt, die
sich dafür eignet. Selbstverständlich ist die Musik des
Größten von allen, Wolfgang Amadeus Mozart, wegen
ihres quecksilbrigen Charakters als Umgrabmusik voll-

kommen ungeeignet. Der natürliche Gegenpol von Mozart (so empfinde ich es jedenfalls) ist Anton Bruckner. Dessen angeborene Trägheit kann enorm beruhigend wirken, doch seine grandiosen Werke (die sechste und siebente sind selbstverständlich die schönsten Symphonien) haben immer auch aufpeitschende Höhepunkte. Und deshalb sind auch seine Kompositionen als Umgrabmusik weniger brauchbar. Echte Gartenmusik wird, weil Komponisten selten gärtnern, verhältnismäßig selten geschrieben. Was vorhanden ist – es gibt zum Beispiel *Jardins sous la pluie* von Debussy oder *Noches en los jardines de España* von Manuel de Falla –, eignet sich nicht für den Walkman, weil Klavierklänge einen Menschen nicht zur Gemächlichkeit ermahnen, so verblüffend gut Debussy das Rauschen des Regens auch vertont hat. Und was sich nachts in den drei Stücken für Klavier und Orchester in den schwülen Gärten von de Falla abspielt, passt garantiert nicht zu harter Arbeit. Mehr Erfolg hat man mit *The Walk to the Paradise Garden* von Delius, der selber noch in Kalifornien Apfelsinen angebaut hat. Aber auf lange Sicht jedoch kommt man bei Delius' pastellfarbenen Klängen eher ins Sinnieren, als dass sie einen zum gemächlichen Graben anhalten, und das ist nun auch wieder nicht Sinn der Sache.

Nein, der einzige Komponist, der einen beinahe ganz selbstverständlich zur Gemächlichkeit animiert und dessen Werk eine Art natürlicher Ruhe ausstrahlt, ist Ralph Vaughan Williams. Allerdings ist nicht all seine Musik

142

brauchbar. Mit der widerspenstigen vierten oder der schnippischen sechsten Symphonie (im Übrigen ein erhabenes Meisterwerk) auf den Ohren, gräbt man höchstens einen halben Meter Erde um. Doch mit der dritten und fünften schafft man ein ordentliches Stück Klei. Auch *The Lark Ascending, Flos Campi* und *Serenade to Music* garantieren einen tüchtigen Bodengewinn. Aber das mit Abstand beste Werk, das er für den Graber geschrieben hat, ist seine großartige »morality« *The Pilgrim's Progress*. Davon geht eine beispiellose Ruhe aus – es ist weihevolle, ruhige, liebreizende, heitere Musik. Lauscht man diesem Stück am frühen Morgen, während man auf der noch dampfenden Erde den Spaten in den Boden stößt, dann verwebt sich die Musik nahtlos mit der Traumwelt, die man soeben verlassen hat, und es kann einen das Gefühl überkommen, man sei, dieweil man ruhig weitergräbt, als Pilger bereits auf dem Weg zu den Hallen Zions.

Der Gelbspötter

Es passiert immer im Mai. Am Abend ist noch alles beim Alten. Am nächsten Morgen geht man um halb sechs mit dem Hund in den Garten, und auf einmal hört man vier Gelbspötter. An jeder Ecke meines Grundstücks hockt einer hoch oben in einer Pappel und pfeift. Es hat dann den Anschein, als wären die vier Pärchen gleichzeitig wiedergekommen und hätten, nach Absprache so weit voneinander entfernt wie nur möglich, als Wächter die äußersten Ecken meiner Parzelle besetzt. So viel steht fest: Der Gelbspötter sitzt gerne hoch oben, er hat gern ein Wäldchen im Rücken, möchte aber gleichzeitig ungehindert Ausschau halten können (bei mir über die Wiesen), und er mag es, wenn Wasser in der Nähe ist.

Weil der Gelbspötter als Sänger ein unglaubliches Durchhaltevermögen besitzt – er singt den ganzen Tag über fast ununterbrochen – und außerdem ein schrilles, krächzendes, manchmal jodelndes, manchmal helles Geräusch erzeugt, ist er den ganzen Frühsommer über der dominierende Sänger in unserem Garten. Sogar der Fink und der Zaunkönig, die doch beide auch über eine durchdringende Singstimme verfügen, können es ihm nicht gleichtun. Den typisch sommerlichen Jammergesang des Grünlings übertönt er vollkommen, und den schnellen Gesang der Mönchsgrasmücke (fast wie eine wild gewordene Amsel) kann man kaum noch vernehmen, wenn der Gelbspötter richtig in Fahrt ist. Er ist der Strawinsky unter den Singvögeln: durchdringend, frech, dominierend, hin und wieder verblüffend schön, meistens jedoch scheußlich, schrill und scheppernd; er gönnt seinen Kollegen nicht die Butter auf dem Brot, gleichzeitig aber schreckt er vor dreistem Plagiat nicht zurück und imitiert ihre lieblichen Töne.

Mitte Juni war Professor Sevenster bei mir zu Besuch. Er fragte mich: »Was brütet denn so alles in deinem Garten?« Ich zählte alle Vogelarten auf und sagte am Ende stolz: »Und natürlich, wie jedes Jahr, vier Gelbspötterpärchen.«

»Hast du wirklich Gelbspötter?«, fragte er erstaunt. »Das verstehe ich nicht, im ganzen Dorf nistet nicht ein einziges Paar.«

»Lass uns rausgehen«, sagte ich, »dann hören wir sie sofort, es sei denn, alle vier halten zufällig den Schnabel.«

»Ach, wenn es Gelbspötter sind, brauchst du nur in die Hände zu klatschen, und sie legen wieder los«, sagte Professor Sevenster.

Wir gingen hinaus. Wir mussten nicht mal in die Hände klatschen. Ganz in der Nähe imitierte ein Gelbspötter den knarrenden Thalys, der nahezu leer auf der Schipholstrecke vorbeidonnerte.

»Wieso hast du hier Gelbspötter, während woanders im Dorf nicht ein einziger brütet?«, fragte Professor Sevenster sich verwundert. »Sollte der Gelbspötter ... du wohnst hier auf Seeklei ... das übrige Dorf steht auf sandigem Geestgrund ... sollte er etwa bevorzugt auf Klei ...? Früher in Friesland, da nistete er, wenn ich mich recht erinnere, auch immer auf dem Klei.«

Ist der Gelbspötter ein Kleivogel? In der Literatur findet man darüber nichts. Jedes Mal, wenn ich ihn außerhalb meines Gartens seinen Gesang habe anstimmen hören, befand ich mich tatsächlich auf Kleiboden. Nur ein einziges Mal habe ich ihn, am Wijde Aa in Hoogmade, wo demnächst der Thalys unterirdisch fahren muss, übers Moor trällern gehört. Aber dort in der Nähe gibt es auch schweren Kleiboden.

Wie dem auch sein mag, inzwischen ist es wieder vorbei mit seiner Hegemonie in meinem Garten. Während der Fink seinen Schlag mehrmals täglich in vollem Ornat anstimmt, murmelt der Gelbspötter nur noch ab und zu sein merkwürdiges Spottlied. Es hört sich an, als würde er beten, jedoch ohne Überzeugung, weil er seinen Glauben verloren hat. Es ist durchaus noch das charakteristische plagiierende Geräusch, aber mit bedeutend weniger Dezibel.

Der Gelbspötter ist ein kleiner, nervöser, hektischer, lebhafter Vogel. Er ist grün-gelb und darum nur sehr schwer zu entdecken, wenn er hoch oben in einer Pappel brütet. Seine Kehle ist orangerot und, wie man hört, gut zu sehen, wenn er singt. Ich habe ihm allerdings noch nie in den Schnabel schauen können. Dafür sitzt er immer viel zu weit oben. Sänge er nicht, oder höchstens so bescheiden wie die Heckenbraunelle, man würde kaum bemerken, dass er im Garten brütet. Nun aber repräsentiert er, dank seines lauten Antigesangs, die überschwänglichste Zeit des Jahres, den Spätfrühling, den wilden Frühsommer.

Dicke Bohnen

Klei ist die kälteste Bodenart. Alle Gemüse brauchen Wärme. Das ist in zwei Sätzen mein ganzer Kummer. Dennoch gibt es einen Lichtblick: die Dicke Bohne. Die mag Kälte. Die kann man schon Anfang März in den Klei legen. Hagel, Schnee, Nachtfrost, es kümmert sie nicht. Ist der Boden karg, ungedüngt, ausgelaugt – sie sprießt dennoch. Es scheint, als wäre sie einzig und allein dazu geschaffen, einem Mut zu machen. In dem einen Gartenbuch lese ich: »Dicke Bohnen sind widerstandsfähig und bringen auch bei wenig Pflege eine gute Ernte.« In dem anderen steht: »Sie gedeihen auch auf recht unfruchtbarem Boden.« Sogar in dem Büchlein *Der erfreuliche Pflanzengarten. Anleitung zur Gartenpflege nach der biologisch-dynamischen Wirtschaftsweise* von Pfeiffer und Riese lese ich: »Die Saubohne ist nicht kälteempfindlich. Sie stellt in schweren kalkhaltigen Böden keine Ansprüche an Düngung, falls eine geeignete Vorfrucht voranging, verträgt jedoch präparierten Mist gut.« Aber die Herstellung von biologisch-dynamischem Kompost und Mist ist – das Kapitel »Düngung und Kompostpräparate ›502‹ bis ›507‹« zählt vierundzwanzig Seiten – eine Wissenschaft für sich, bei der allerlei rätselhafte Mittel angewandt werden.

Ich bedecke den Klei immer zuerst mit einer Schicht aus gewöhnlichem Pferdemist. Dann grabe ich um, fräse den Boden und setze die Bohnen, die stets vortrefflich gedeihen.

Nur im ersten Jahr, in dem ich sie pflanzte, sah ich mich mit großen Problemen konfrontiert. Selbstverständlich hatte ich in diversen Gartenbüchern gelesen, dass die Dicke Bohne, so unkompliziert sie auch angebaut werden kann, einer schrecklichen Bedrohung ausgesetzt ist: Läusen. »Die Schwarze Bohnenlaus erscheint zuerst auf der Unterseite der Blätter und fällt daher nicht gleich ins Auge. Später sind die Vegetationspunkte vollkommen mit Läusen besetzt«, las ich in einem meiner Gartenbücher. In einem anderen fand ich folgenden Hinweis: »Gegen die Schwarze Bohnenlaus kann man schnell abbaubare Insektizide wie Malathion, Pyrethrum oder Rotenon spritzen.« Selbstverständlich habe ich keine Sekunde daran gedacht, mit solchen Giften zu arbeiten. Pfeiffer und Riese sagen: »Nach dem Entfalten des 4. bis 6. Blattpaares Präparat ›501‹ spritzen, als bestes Vorbeugungsmittel gegen Blattlausbefall.« »Präparat 501«, schon wieder so ein biologisch-dynamisches Rätsel.

Ich erinnere mich noch gut daran, dass ich damals dachte: In dem Polder, wo ich wohne, baut sonst niemand Dicke Bohnen an. Wo sollte also die Schwarze Bohnenlaus herkommen? Sorglos beobachtete ich daher auch, wie meine Dicken Bohnen im Eiltempo aus dem Boden schossen, wunderbar blühten und reichlich Frucht zu entwickeln begannen. Und dann auf einmal, als die Schoten vielversprechend reiften, sah ich auf den Blättern meiner Bohnen ein paar niedliche Läuse kriechen. Eifrige Marienkäfer waren schon dabei, sich die Bäuche mit ihnen vollzustopfen. Ach, die paar Läuse, dachte ich. Doch Läuse werden über Nacht Großeltern. Schon am nächsten Tag waren meine Bohnenpflanzen von der Spitze bis zur halben Höhe mit einer dicken Schicht wimmelnder Läuse bedeckt. Noch einen Tag später sah man die Pflanzen kaum noch. Da war nur noch ein einziger dicker schwarzer Klumpen Läuse. Es war, als hätte Aaron seinen Stab ausgestreckt und in den Staub der Erde geschlagen, »dass Läuse werden in ganz Ägyptenland« (Exodus 8,16).

Seit diesem Reinfall weiß ich, dass ich die Spitzen meiner Bohnenpflanzen entfernen muss, sobald das dritte Blätterpaar sich entfaltet hat und die Bohnen zu blühen beginnen. Es ist eigentümlich, dass dieses Stutzen so effektiv ist. Offenbar kann die Schwarze Bohnenlaus nichts ausrichten, wenn sie sich nicht in den Spitzen niederlassen kann, um von dort aus die Pflanze zu kolonisieren und zum Kreißsaal zu machen.

Wenn man Dicke Bohnen pflanzen will, dann kann man zwischen vielen Arten wählen. »Express«, »Dreifach Weiß«, »Lange Hänger«, »Früher Weißkeim«, »Veredelter Weißkeim«, »Con Amore«. Von Sarah Hart habe ich die »Jane Austen« bekommen, eine entzückend altmodische Dicke Bohne. Im Allgemeinen gilt: Grüne Dicke Bohnen schmecken besser als weiße, egal, wie veredelt die »Weißkeim« auch ist. Wenn man sie selbst anbaut, kann man sie früh pflücken. Dann sind die Bohnen noch winzig klein und atemberaubend lecker. Bei dem Schurken Michel Montignac stehen Dicke Bohnen auf der schwarzen Liste. Das wird mich nicht davon abhalten, mir in zwei Monaten junge Dicke Bohnen auf der Zunge zergehen zu lassen. Dazu gibt es dann die andere Köstlichkeit, die bei diesem französischen Schwindler ebenfalls auf der schwarzen Liste steht: neue Kartoffeln!

Der Viehmarkt

Wenn hier in den Niederlanden Buchwoche ist und meine Kollegen im ganzen Land ausschwärmen, um Lesungen in Schulen zu veranstalten, begebe ich mich alljährlich am Dienstagmorgen zum Leidener Viehmarkt in der Groenoordhal. Inmitten von Hunderten von jämmerlich muhenden Kühen gibt es einen Stand, an dem man Pflänzchen kaufen kann. Natürlich könnte ich für mich selbst auch Spitzkohl, Blumenkohl, Eisbergsalat und Endivien säen, doch auf dem kalten Klei keimt im noch jungen Frühling in der Regel nichts. Deshalb kaufe ich lieber junge Pflanzen. Ich könnte sie auch beim Gartencenter bei mir um die Ecke bekommen, aber dort kosten drei Spitzkohlpflänzchen einen Gulden, auf dem Viehmarkt gibt es zehn für zwei Gulden. »Und Sie bekommen von mir noch eins dazu«, sagt der in einen altmodischen blauen Kittel gehüllte Verkäufer zu mir. »Um die verrückte Zahl vollzumachen.«

Es ist übrigens ein regelrechter Spießrutenlauf, dort auf dem Viehmarkt. Wenn man mit dem Fahrrad ankommt, stehen bereits Dutzende Männer am Eingang. Was sie dort tun, ist mir ein Rätsel. Sind es Viehbauern, Händler oder Tagediebe? Auf jeden Fall muss man zwischen ihnen hindurch, um in die Halle zu kommen. Während man sich hindurchzwängt, hört man jemanden mürrisch sagen: »Aber man will doch nicht nur in die Breite leben, sondern auch in die Länge.« Worauf ein anderer erwidert: »Das kannst du ruhig laut sagen, aber mit so einer Viagra-Pille ... ich hatte das Gefühl, als hätte mir jemand eine Rolle Fünfcentmünzen in den Schwanz geschoben.«

Ist man drinnen, taucht das zweite Spalier auf. Dort geht man an riesigen blauen Kaninchen mit schrecklich großen Ohren entlang. Hinter Zäunen sind klapperdürre Ziegen und mickrige Ziegenböckchen angebunden, die man für wenig Geld loswerden will. Ich habe bereits genug mit meinem Bock und meiner Ziege zu tun, und daher spüre ich nicht das Verlangen, noch weitere Wiederkäuer anzuschaffen, doch das Herz blutet einem, wenn man all die meckernden Asylsuchenden sieht. Beim letzten Mal, vor einer Woche, stand inmitten all der Opferböcke eine riesige weiße Ziege, größer als ein Pony. Selbstbewusst schaute sie mich an, sie sah gut aus, und was sie betraf, war es Liebe auf den ersten Blick. Für all meinen Erlen-, Eichen- und Kastanienwildwuchs wäre sie eine Lösung, dachte ich, doch den hat sie in drei

Tagen verputzt. Und dann? Ich hab sie stehen lassen, aber seitdem habe ich schon viermal von ihr geträumt. So wie sie mich angesehen hat, mit diesen feuchten, schmelzenden Augen ...

Wenn meine Augen sich schließlich an das Dämmerlicht in der Groenoordhal gewöhnt haben, begebe ich mich zum Gemüsestand, an den Absperrgittern vorbei, hinter denen Hunderte von Kälbchen muhen. Zuerst kommt man an einem Stand mit Lecksteinen vorbei. Darauf folgt einer mit gruseligen SM-Gartengerätschaften. Am Gemüsestand warten, egal, wie früh man kommt, bereits Dutzende von Rentnern, die einen Schrebergarten haben. Eine Nummer ziehen, das gibt es hier natürlich nicht, und daher muss man kämpfen, um bedient zu werden. Ein jeder versucht sich vorzudrängeln. Während man dort wartet, kommt man sogleich ins Gespräch. »Kenn ich dich nicht irgendwoher?«, fragt mich ein uraltes Männlein. »Klar, Mann«, sagt sein Nachbar. »Du erkennst doch bestimmt, wer das ist? Vorige Woche hat man bei *Aktenzeichen XY ungelöst* das Phantombild eines kahlköpfigen Psychopathen gezeigt, der aus der Anstalt ausgebrochen ist.« Woraufhin das alte Männlein erschrocken zurückweicht. »Müssen wir ihn denn nicht anzeigen?«, flötet es leise. »Ach was, du siehst doch, dass er Salatpflanzen kaufen will. Solange er gärtnert, ist er ungefährlich.«

Wenn man dann endlich, vollkommen taub vom Muhen und geplagt vom Gestank der vielen Tiere, die vor

Angst ständig Darm und Blase entleeren, an der Reihe ist, hat man das Gefühl, ein solches Opfer dafür erbracht zu haben, dort Pflanzen kaufen zu dürfen, dass man nicht nur mit einer Handvoll Spitzkohlsetzlingen nach Hause fahren will. Also kauft man Kopfsalat und roten Pflücksalat, Eisbergsalat und Endivien – fünfzehn Pflanzen für zwei Gulden – und eine kleine Kiste voller Spitzkohlpflanzen, außerdem Blumenkohlpflanzen und eine Tüte mit keimenden Dicken Bohnen, dazu ein paar Töpfchen Petersilie und Rote Bete. »Hast du Angestellte, die das alles für dich pflanzen?«, fragt mich jemand. Seine Bemerkung dringt erst so richtig zu mir durch, als ich draußen wieder auf dem Fahrrad sitze und mir klar wird, welch gewaltige Aufgabe nun auf mich wartet. Zum Glück muss ich nicht alles sogleich in den Klei stopfen. Die meisten Pflänzchen sind knochentrocken, und man sollte sie am besten zunächst für ein paar Tage in Wasser stellen. Und dennoch, ich habe die ganze Buchwoche gebraucht, um das, was ich auf dem Viehmarkt gekauft habe, in den Klei zu setzen. Mittlerweile wurde der Viehmarkt wegen der Maul- und Klauenseuche geschlossen.

Wundersommer

Entgegen allen Erwartungen ist der September nicht nur recht warm, er ist sogar beinahe tropisch, und meine Sojabohnen haben sich deshalb prächtig entwickelt. Ich hatte sie an drei verschiedenen Stellen gesät, um das Risiko ein wenig zu streuen, und an allen drei Stellen sind die Pflanzen ganz wunderbar gediehen. Das Merkwürdige ist: Man sieht kaum, dass die Pflanzen blühen, dann entdeckt man plötzlich gelbbraun-grüne Schoten. In jeder Schote stecken normalerweise drei Sojaböhnchen. Ist die Schote noch nicht vollständig reif, dann sind die Bohnen hellgrün. Man muss sie dann nicht einweichen, und wenn man will, kann man sie sogar roh essen. Allerdings sind sie alles andere als lecker. In einem etwas späteren Stadium sind sie noch länglich (Sojabohnen aus dem Geschäft sind mehr oder weniger rund), und man muss sie dann noch nicht lange kochen. Aber egal, wie zart und jung man sie auch kocht, in der darauffolgenden

Nacht wird dein Körper dennoch wieder zu einer kleinen Fabrik. Winde wehen unter der Decke, und am Morgen hinterlässt man auf dem stillen Örtchen, worauf eine Kuh stolz wäre.

Was mir ein wenig missfällt, ist der Ertrag. Von den Dutzenden von Pflanzen habe ich am Ende nur ein paar Kilo Bohnen geerntet. Ich müsste also den ganzen Garten vollpflanzen, um den Winter über jede Woche einmal Sojabohnen zu essen.

Wie anders verhält es sich mit dem Ertrag des fantastischen Neuseeländer Spinats. Gérard Grubben, Fachmann für tropischen Landbau, hat mir einen Artikel über dieses Gemüse geschickt. Dafür bin ich ihm dankbar, denn jetzt weiß ich etwas mehr über den Nährwert der Pflanze. In ihr ist viel Kalzium und viel Eisen. Während der Reisen von Kapitän Cook galt sie als ein Gewächs, mit dem man dem Skorbut wirkungsvoll vorbeugen konnte. Mit anderen Worten: Sie beinhaltet auch viel Vitamin C. Außerdem enthält sie Betakarotin, die Vitamine B1 und B2 sowie Niacin. Was für eine kleine Goldmine! Doch wie steht es um den Gehalt an Folsäure?

Folsäure findet man vor allem in dunkelgrünen Gemüsen wie Spinat. (Man findet sie auch im Spargel, doch den gibt es zur Zeit nicht.) Neulich habe ich einen Informationsabend über Alzheimer besucht, und dort hörte ich, dass Folsäure – ein Nährstoff, den vor allem Schwangere einnehmen müssen, um die Gefahr zu minimieren, dass ihr Baby mit einem offenen Rücken geboren wird –

sehr wahrscheinlich auch bei dieser schrecklichen Krankheit vorbeugend wirkt. Spinat essen, lautet also die Devise. Doch kann auch Neuseeländer Spinat dieses unverzichtbare Vitamin liefern? Das wäre fantastisch, denn diese Pflanze wuchert in meinem Garten wie Unkraut. Wahrscheinlich ist es diesem unglaublichen Sommer zu verdanken, dass der Neuseeländer Spinat immer noch wie wild wächst, aber ich kann mir vorstellen, dass er, wenn es im Durchschnitt ein paar Grad kälter gewesen wäre, kaum von sich reden gemacht hätte.

Außer dem Neuseeländer Spinat und den Sojabohnen haben auch alle anderen Pflanzen diesen Sommer außergewöhnliche Erträge geliefert. Ab Mitte Juli haben wir jeden Tag Prinzessbohnen essen und jeden zweiten Tag eine Portion abgeben können, und dennoch habe ich viele Bohnen hängen lassen müssen. Die kann ich jetzt als Saatgut verwenden und habe immer noch genug übrig, um sie als weiße Bohnen in einer Tomatensauce zu garen. Übrigens, die Tomaten denken ebenfalls immer noch nicht ans Aufhören. In anderen Jahren ist die Zeit der Tomaten Mitte September schon vorüber, doch jetzt kann ich jeden Tag noch ein paar frische Tomaten essen. Ach, sind die köstlich. Außerdem habe ich im Internet erneut eine ganze Reihe von Artikeln gefunden, aus denen hervorgeht, welch wichtiger Lieferant von Vitaminen und Mineralstoffen die Tomate ist. Wer viele Tomaten isst, scheint weniger Gefahr zu laufen, an Prostatakrebs zu erkranken, unter anderem wegen des darin enthaltenen Lycopin. Ich schätze mich glücklich, dass ich von Kindesbeinen an gerne rohe Tomaten gegessen habe. So eine Tomate ist schlicht und einfach eine rote Kugel Gesundheit.

Herrscht denn ausschließlich eitel Freude diesen Sommer? Leider liegt ein Schatten auf allem. Auch das Unkraut ist unglaublich gewachsen. Vor allem der berüchtigten Quecke ist es gelungen, sich enorm auszubreiten. Überall dort, wo der Klei auch nur für einen Moment unbedeckt war, spross sie hervor. Gleichsam als Buße für diesen paradiesischen Sommer werde ich im kommenden Winter im Schweiße meines Angesichtes umgraben müssen.

Anna

Auf meinem Klei grast ein Zwergziegenbock mit riesigen Hörnern. Zusammen mit einer schwangeren Ziege
landete er an Heiligabend in einem Tierheim. Niemand
wusste, wem die beiden gehörten und wo sie herkamen.
Man gab ihnen die Namen Jozef und Maria. Für Maria,
die noch am selben Abend niederkam, wurde bald ein
neues Zuhause gefunden, doch den Bock wollte niemand
haben. Nicht verwunderlich, denn wenn er einen Menschen sieht, dann senkt er den Kopf und stürmt mit den
Hörnern voraus auf ihn los. Schließlich habe ich mich
seiner erbarmt.

Als Jozef schon eine Weile bei mir war, bekamen meine Nachbarn eine unglaublich magere Ziege. Sie wurde
bei den Pferden untergebracht. Bereits nach einem Tag
hinkte sie, weil ein Hengst sich dummerweise auf sie ge-
stellt hatte. »Sie kann für eine Weile zu mir kommen«,
sagte ich, »sie kann Jozef Gesellschaft leisten.« — »In

Ordnung«, sagten meine Nachbarn, »dann aber als Leasing-Ziege.« Damit war ich einverstanden.

Anfangs, als die Ziege noch klein war, gab es keine Probleme. Jozef behandelte sie zuvorkommend. Manchmal versuchte er, sie zu besteigen, wobei er seine Zähne auf lustige Weise entblößte. Er verspürte Lust. Anna ging aber nicht darauf ein. Sie war noch zu jung für die Liebe.

Anna wuchs jedoch unheimlich schnell. Schon nach wenigen Monaten war sie doppelt so groß wie Jozef. Trotzdem war sie ihm nicht gewachsen. Immer wieder stürmte er mit seinen furchterregenden Hörnern auf sie los. Ständig wurde sie umgeschubst, und wenn ich den beiden Obstschalen brachte, bekam sie Kopfstöße in die Flanken, auf den Hintern und mitten ins Gesicht. Wie ein wahrer Teufel tanzte Jozef dann um sie herum und stieß sie, wo er nur konnte.

Ich sagte zu meinen Nachbarn: »Bedaure, es klappt nicht mehr zwischen Anna und Jozef, die beiden müssen getrennt werden. Schön finde ich das nicht, denn Anna ... ach, sie war so anhänglich und lieb.«

Die Nachbarn kannten eine gute Unterbringungsmöglichkeit für Anna, in einer anderen Provinz. Der Tag, an dem sie uns verließ, ist mir ins Gedächtnis gegraben. Mit einem Seil befestigt, stand sie bei den Pferdeställen und wartete auf ihren Abtransport. Mit großen, verschreckten Augen schaute sie immer wieder zu meinem Grundstück hinüber. Als dächte sie: Muss ich hier wirklich weg? O wie ist das schrecklich.

Bei ihren neuen Besitzern wurde sie, wie wir hörten, verwöhnt. Darüber war ich froh, denn ich hatte ein schlechtes Gewissen, weil ich ihr, aufgrund von Jozefs schlechtem Benehmen, nicht länger Asyl hatte bieten können.

Jahrelang vernahmen wir immer wieder erfreuliche Berichte über Anna. Sie hatte sich zu einer außergewöhnlich lieben, stattlichen Superziege entwickelt, die sich dort, wo sie wohnte, im Salon aufhalten und in der Spülküche schlafen durfte.

Dann brach in Oene die Maul- und Klauenseuche aus. Besorgt fragte ich meine Nachbarn: »Wird sie auch gekeult werden?« – »Nein«, erwiderten diese, »sie lebt so gerade außerhalb der Zweikilometerzone.« Dann aber wurde die ganze Gegend in ein Getto verwandelt, und ich erfuhr, dass Anna mittendrin war. »Was nun?«, fragte ich. »Die Frau, bei der Anna jetzt lebt, möchte nicht, dass sie von den Brinkhorstbarbaren umgebracht wird. Sie hat bereits mit dem Tierarzt vereinbart, dass er Anna demnächst, um den Mördern zuvorzukommen, eine Spritze geben wird. Und dann bekommt sie auch ein anständiges Begräbnis und wird nicht zum Abdecker gebracht.«

Ein schwacher Trost. Wenn die jetzt noch kerngesunde Anna überhaupt die Maul- und Klauenseuche bekäme, dann würde sie das wahrscheinlich kaum bemerken (Ziegen und Schafe erkranken in der Regel nicht stark nach einer Infektion mit dem Virus), und sie würde aller

Voraussicht nach nicht daran sterben. Trotzdem steht bereits fest, dass sie, einzig und allein aus finanziellen Gründen, ihr Leben wird lassen müssen. So weit sind wir in unserem Umgang mit Tieren gekommen, dass wir ihnen das Recht absprechen (wenn man es ihnen denn überhaupt zugesteht), von einer üblen, aber alles andere als tödlichen Krankheit zu genesen. Das Merkwürdige ist: Als Halter von Unpaarhufern muss man sich vor dem Virus kaum fürchten. Die große Gefahr geht von den Mordkommandos der Behörden aus. Nicht das Maul-und-Klauenseuche-Virus, sondern das Reichsdienst-für-die-Kontrolle-von-Vieh-und-Fleisch-Virus ist absolut tödlich. Dagegen kann man die Tiere nicht impfen lassen. Jetzt sind vermutlich schon viel mehr Tiere umgekommen, als an der Krankheit selbst gestorben wären, wenn man diese ihren Lauf hätte nehmen lassen. Seit dem Ausbruch der Seuche im Frühling 2001 mache ich mir auch schrecklich Sorgen um Jozef. Wandert das Virus in unsere Richtung, dann ist auch er dran. Nicht einmal seine kräftigen Hörner werden ihm dann helfen.

Schlaraffenland

Neulich sagte Staatssekretärin Clémence Ross in einem Interview mit dem *Algemeen Dagblad*: »Unser Land wurde in den vergangenen Jahren von Tierseuchen heimgesucht. Auch das Gesundheitsministerium hat an deren Bekämpfung intensiv mitgearbeitet. Wir haben dabei viel gelernt.« Dank dieses Lernprozesses seien die Niederlande, so Frau Ross, auf einen möglichen Ausbruch von SARS hervorragend vorbereitet. Wie gut, zu wissen, dass man, wenn SARS hier auftaucht, zuerst die draußen herumlaufenden Tiere und dann die im Stall gnadenlos keulen werden wird. Kurzer Prozess mit ankommenden Flugzeugen, in denen ein mit SARS Infizierter sitzt! Am Flughafen Schiphol steht der Reichsdienst für die Kontrolle von Vieh und Fleisch schon mit Vergasungsanlagen bereit. Oder besser noch: Man lässt ein solches Flugzeug gar nicht erst landen, sondern schießt es bereits über Den Haag vom Himmel.

Außer den Beamten im Gesundheitsministerium haben allerdings auch die sogenannten Hobbytierhalter viel aus der Art und Weise gelernt, wie unsere Behörden glauben, Schweinepest, BSE und MKS bekämpfen zu müssen. Sie wissen jetzt, dass auch ihre Tiere rücksichtslos vom Reichsdienst für das Keulen von Vieh umgebracht werden. Beim Ausbruch der Maul- und Klauenseuche wurde ich gefragt, ob ein paar Zwergziegen für eine Weile bei mir untertauchen könnten. »Selbstverständlich«, erwiderte ich, denn in meinen Augen war und ist das sogenannte Keulen, auch weil es einen hervorragenden Impfstoff gegen diese Krankheit gibt, ein entsetzliches Verbrechen. Leider gelang es den betreffenden Haltern nicht, ihre Zwergziegen aus dem MKS-Gebiet zu schmuggeln, sodass ich damals keine Untertaucher beherbergen konnte. Allerdings sah ich plötzlich in der Nachbarschaft Hängebauchschweine wühlen, die irgendwann nach dem MKS-Ausbruch wieder geräuschlos verschwanden. Bricht wieder einmal MKS aus, dann sind alle Hobbytierhalter zum Glück gut vorbereitet. Wir werden dann dem Reichsdienst für die Kontrolle von Vieh und Fleisch eine gewaltige Nase drehen.

Bei der Vogelgrippe im Jahr 2003 griff man erneut zu derselben Methode: blindes, panisches Keulen. Es ist, als würde man, um eine Überschwemmung zu vermeiden, vorsichtshalber alle Deiche durchlöchern. Wenn alles unter Wasser steht, muss man sich vor dem reinigenden Wasser nicht mehr fürchten. Präventiv wird sogar alles abgeschlachtet, was wahrscheinlich immun gegen das Virus ist, die immer draußen herumlaufenden Hobbyhühner zum Beispiel. Mit anderen Worten: Man schlägt sogar Lecks in die Wohnboote.

Zum Glück kann man Hühner viel leichter aus den bedrohten Gebieten schmuggeln als Ziegen, Schoonebeker Schafe, Lamas oder Hängebauchschweine. Außerdem waren alle Hobbyhühnerhalter diesmal beim Ausbruch der Vogelgrippe darauf vorbereitet, dass unsere Behörden wieder zu »mittelalterlichen Maßnahmen« greifen würden, wie Professor Arjan Stegeman (Professor für Geflügelgesundheit an der Universität Utrecht) das Vergasen im großen Maßstab genannt hat. Viel Hobbygeflügel ist daher sofort nach dem Ausbruch der Seuche untergetaucht. Natürlich vergrößert dies die Gefahr, dass das Virus weiterverbreitet wird, doch jedes wanderlustige Teichhuhn auf Freiersfüßen kann den Erreger verbreiten, und daher ist es vollkommen absurd zu glauben, man könne der Krankheit durch Absperrung der Vogelgrippegebiete und den Einsatz des Militärs zu Leibe rücken.

Landwirtschaftsminister Veerman selbst kann man keinen Vorwurf machen. Anders ist es mit seiner Partei. Die christdemokratischen Tiermörder haben die Bioindustrie immer schon bevorzugt behandelt. Nun ja, wenn man seine geschwächten Hühner zu Zehntausenden in Bergen-Belsen-artigen Baracken hält, dann bettelt man geradezu um den Ausbruch der Vogelgrippe. Es ist ein großes Glück im Unglück, dass jetzt dank der Vogelgrippe auch in der Bioindustrie selbst gründlich gekeult wird. Ich hoffe sehr, dass damit nun endlich Schluss ist. Am Virus wird es nicht scheitern, dem geht es hier, mit der ganzen Bioindustrie, so gut, dass er noch Jahre bleiben wird. Er reibt sich die kleinen Virushändchen und murmelt überaus zufrieden: »Welch ein Schlaraffenland: Millionen von geschwächten, halb betäubten, erschöpften Tieren auf einem christdemokratischen Präsentierteller. Und alles, was sich, wie in alten Tagen draußen scharrend und wühlend, gegen uns zu wehren versucht, wird auch gekeult.«

Betriebsführung

An drei Seiten ist mein Grundstück von Weiden umgeben. Darauf grasen die Kühe meines Nachbarn. Daher
kann ich ganz aus der Nähe die Betriebsführung eines
heutigen Bauern beobachten, na ja, heutiger Bauer, Bertus hat in dieser Hinsicht seine eigenen Vorstellungen.
Von modernem Krimskrams wie Liegeboxställen will er
nichts wissen. Stolz berichtet er regelmäßig, dass er in
weitem Umkreis der einzige Bauer ist, der noch altmo-
disch auf der Weide melkt. »Bei Boskoop gibt es noch jemanden«, höre ich ihn zufrieden murmeln. Bertus hatte
um die Jahrtausendwende zwölf Milchkühe. Außerdem
einen blutjungen Stier und ein paar Rinder. Seine Kühe
werden auch im 21. Jahrhundert noch von seinem Stier
gedeckt. Künstliche Besamung ist ihm ein Gräuel.

Wenn heute jemand seinen Hof noch so führen möchte, wie es im 17. Jahrhundert üblich war – der einzige
Unterschied ist, dass Bertus zwei Melkmaschinen ver-

wendet –, dann kann er nicht mit einem hinreichenden Einkommen rechnen. Oder, wie Bertus stets sagt: »So wie ich wirtschafte, verdient man nichts, aber man hat auch keine Sorgen.« So ganz stimmt das nicht, denn manchmal produziert er mehr Milch, als die Milchquote erlaubt, und dann muss er sich etwas für die Milch einfallen lassen, die er zu viel hat. Dann springt seine Frau Joke ein und macht Käse ohne Konservierungsmittel. Diesen verkauft sie unter der Hand, und so wird der Milchsee geräuschlos trockengelegt.

Andere Sorgen, die Bertus hat, betreffen seine Geräte, Maschinen und den Traktor. Weil er nichts verdient, muss er an allem sparen. Im wortwörtlichen Sinne. Auf der Wiese steht ein atavistischer Melkwagen: ein uralt aussehender Karren auf verrosteten Eisenrädern, der mit einem System aus Rohrleitungen versehen ist. Diese Rohre kann er mithilfe eines Schlauchs an eine Pumpe anschließen, die an seinem Traktor montiert ist. Mit ihr saugt er Luft an. Wenn er nun das Melkgeschirr mit diesen Röhren verbindet, kann er die Euter leeren. Die Rohrleitungen werden von Schnüren, Klebeband, Draht und Zahnspangen zusammengehalten. Ich schwitze jedes Mal Blut und Wasser, wenn Bertus den Karren vorsichtig mit dem Traktor auf eine andere Wiese bringt. Gelegentlich sage ich zu ihm, er solle seinen aus dem 17. Jahrhundert stammenden Milchwagen doch für teuer Geld an ein Landwirtschaftsmuseum verkaufen. Doch das quittiert er nur mit einem störrischen Grinsen. Flicken, solange es geht, lautet seine Devise. Auch sein Traktor wird von Heftzwecken und Büroklammern zusammengehalten.

Weil mir diese Flickmentalität sehr zusagt – ich finde es auch schrecklich, einen alten Fernseher mit dem Argument wegzuwerfen, dass ein neuer billiger ist als die Reparatur des alten –, stehe ich ihm mit Rat und Tat sowie mit Holz und Eisenteilen zur Seite, wenn er versucht, Traktor, Melkwagen und andere Maschinen funktionstüchtig zu erhalten. Außerdem achte ich, so gut es geht, auf seine Schafe, die er den ganzen Winter über auf der Weide lässt. Er kauft sie im Spätsommer recht günstig und kann sie meistens im Frühjahr mit Gewinn verkaufen. Wenn im Winter nicht zu viele Schafe umgekommen sind. Manchmal stoßen sie mit den Köpfen so hart zusammen, dass eins tot umfällt. Und hin und wieder stürzt eins in den Wassergraben. Wenn man dann nicht rasch zu Hilfe eilt, ertrinkt es. In Anbetracht der Risiken, die damit verbunden sind, erscheint mir das Halten von Schafen kaum lohnend, aber dennoch kauft Bertus jeden Sommer neue, und ich muss jedes Jahr ein paar aus dem Wassergraben zerren.

Bertus hat keine Angestellten. Wenn Heu gemacht werden muss, gehen ihm seine Frau und sein Sohn zur Hand. Weil er niemanden beschäftigt, kann Bertus es sich nicht erlauben, krank zu werden. Er macht auch nie Urlaub. Aber das kümmert ihn nicht, denn er empfindet einen noch größeren Widerwillen gegen das Reisen als ich. Seine Frau versucht ihn hin und wieder dazu zu überreden, für ein paar Tage nach Drenthe zu fahren. Wenn ihr das gelingt, muss Bertus' Sohn sich ein paar Tage freinehmen und die Kühe melken. Bertus, der sonst immer die Heiterkeit in Person ist, lässt an den Tagen vor dem Ausflug nach Drenthe jedes Mal den Kopf tief hängen. Seine Stimmung überträgt sich auf die Kühe, und sie muhen melancholisch.

Ich empfinde es als großes Privileg, täglich den Handel und Wandel eines Bauernhofs aus der Nähe miterleben zu dürfen, der im wesentlichen wie im 19. Jahrhundert funktioniert. Es ist ein Wunder, dass es Bertus mit seiner Betriebsführung gelingt, den Laden am Laufen zu halten. Wenn im Winter der Großteil seiner Kühe keine Milch gibt und er deshalb nur kleine Mengen an die Molkerei liefern kann, macht jedes Mal der Tankwagenchauffeur Ärger, weil er wegen der »Pfütze« Bertus' Hof nicht anfahren will. Auf dem Agrarsektor gibt es eigentlich keinen Platz mehr für jemanden, der mit Flächenvergrößerung, Betriebserweiterung und Produktionssteigerung nichts zu tun haben will.

Ab und zu komme ich durch Bertus in Kontakt mit anderen Bauern, die wohl Angestellte haben und Geld verdienen. Es ist auffällig, wie verbittert diese Menschen in der Regel sind. Sie haben das Gefühl, dass die Regierung ihnen in jeder Hinsicht Knüppel zwischen die Beine wirft. Pausenlos beklagen sie sich über Umweltbestimmungen, neue Gesetze und die Probleme, die die ständig wachsende Mistmenge mit sich bringt. Natürlich hat auch Bertus Probleme mit dem Mist. Einen Teil deponiert er in ein paar Bunkern, die die Deutschen hier in Warmond als Teil des Atlantikwalls errichtet haben. Einen Teil bekomme ich, und den Rest verteilt er auf seinem Land. Vor ein paar Jahren musste er eine hohe Strafe zahlen, weil er den Mist ein paar Tage zu früh ausgefahren hatte. So eine Strafe schlägt ein gewaltiges Loch ins Budget. Nun, er ist damals nicht pleitegegangen, aber es liegt auf der Hand, dass bei einer solch altmodischen Betriebsführung kein Budget für heutige Strafmaße eingeplant werden kann.

Bertus ist inzwischen fünfundsechzig geworden, aber er wirtschaftet fröhlich weiter. Weil er nun eine Rente bekommt, läuft es jetzt besser als je zuvor. Er hat einen funkelnden Melkwagen von einem Bauern gekauft, der den Kopf nicht länger über Wasser halten konnte. Im Haus steht sogar ein neuer Fernseher. Und Schafe? »Dank meiner Rente muss ich keine Schafe mehr halten.«

Ein lichtdurchfluteter
Wohnstall

Mein Haus liegt hinter dem ehemaligen größten Pries-
terseminar in den Niederlanden. Inzwischen will niemand mehr Priester werden, und in den Räumlichkeiten
befindet sich das psychogeriatrische Zentrum Mariënhaven, ein Heim für Alzheimerpatienten. Wenn ich dort
mit dem Fahrrad vorbeifuhr dachte ich immer: Was für
herrliche, knorrige alte Gebäude, Renovierung ist angesichts von so viel Pracht unvermeidlich.

Und tatsächlich, Mariënhaven wurde überaus gründlich umgebaut. Alles, was schön war, wurde durch hässliche Bauten ersetzt. Doch für mich erwies sich der
Umbau als ein einmaliges Geschenk. Während mein Ziegenstall und der Schuppen, in dem ich meine Garten-
gerätschaften aufbewahre, immer stärker einsturzge-
fährdet waren, weil die Vorbesitzer sie jahrelang hatten
verwahrlosen lassen, erschienen plötzlich, nicht weit
von meinem Grundstück entfernt, riesige Schuttcontai-

ner, in die achtlos die schönsten Balken, Bretter und Latten geworfen wurden. Vorsichtig erkundigte ich mich bei den Bauarbeitern, ob ich mir die entsorgten Träger und Spanten nehme dürfe. »Aber natürlich«, sagten sie und halfen mir, alles auf meinen John-Deere-Aufsitzmäher zu laden.

Ich machte mich an die Renovierung meines Ziegenstalls. Erstaunlich schöne Nut- und Federbretter, dicker, als man sie heute im Baumarkt bekommt, standen mir in großer Menge zu Verfügung. Problemlos konnte ich eine ganze Wand, die dem Holzwurm zum Opfer gefallen war, erneuern. Und in eine Seitenwand konnte ich ein opulentes, doppelt verglastes Fenster einbauen. Eine andere Seitenwand konnte ich sogar mit einer großen Glasschiebetür versehen! Welche Ziegen in den Niederlanden verfügen über einen lichtdurchfluteten Stall mit Thermopanefenster und Glasschiebetür? Ich sag immer wieder zu meinem Bock: »Jozef, du kannst Mariënhaven durchaus dankbar sein.« Dann meckert er so begeistert, dass es hoffentlich sogar in Mariënhaven zu hören ist.

Nachdem es mir mit dem, was ich in den Containern gefunden hatte, gelungen war, den alten Ziegenstall durch einen lichtdurchfluteten neuen zu ersetzen, näherte sich der Abriss der alten Pavillons seinem Ende. Ich ging davon aus, dass nun auch der Materialfluss versiegen würde. Mein grüner Schuppen samt den Vordächern, unter denen das Feuerholz trocknet, mussten auch dringend renoviert werden, doch ich fürchtete, dass ich das dafür benötigte Material im Baumarkt würde besorgen müssen. Doch das erwies sich als Irrtum. Als die neuen Pavillons errichtet wurden, warfen die Bauarbeiter tagtäglich nagelneue Bretter, Balken, Latten und ganze Fensterrahmen weg. Die Fensterrahmen waren offenbar bei genauer Betrachtung doch nicht geeignet. Manchmal klebte noch das Preisschild an den Sachen. Hin und wieder fragte ich verdutzt nach: »Ist es wirklich kein Irrtum, dass dieses dicke Brett hier im Container liegt?« »Nein, nein, nimm ruhig mit«, erwiderte man mir dann.

Ab und zu kam ich mit der Renovierung des Schuppens oder der Vordächer nicht weiter, weil mir das passende Brett fehlte. Dann musste ich in der Regel nur ein oder zwei Tage warten, und siehe da, schon fand ich in einem der Container das, was ich brauchte. Die einzigen Anschaffungen, die ich selbst machen musste, waren Dachziegel und Firstpfannen. Ansonsten habe ich meinen Schuppen komplett mit Bauabfällen von Mariënhaven renovieren können.

Und dabei vergesse ich um ein Haar, noch zu berichten, wie wunderbar warm ich meine beiden Holzöfen zwei ganze Winter lang habe heizen können mit all dem, was an Verschnitt von den Balken und Brettern für Stall und Schuppen übrig geblieben war.

Baumschere

In Mariënhaven wohnen viele Alzheimerpatienten. Wenn ich an der Einrichtung vorbeifahre, denke ich immer: Später werde ich auch hier untergebracht und habe alles vergessen. Vielleicht abgesehen von dem ersten Lied, das ich im Leben gelernt habe: »Einer geht durch alle Lande, dem alle Kinder Freunde sind, kein Auge kann ihn schauen, doch er sieht jedes Kind.«

Wegen dieser Angst beobachte ich jeden Tag genau, ob mein Gedächtnis noch funktioniert. Ich glaube, es ist noch recht gut, doch zwei Dinge bleiben mir schlecht in Erinnerung. Ich kann mir einfach keine Namen merken. Von Menschen, die ich schon seit Jahren kenne, fällt mir plötzlich der Name nicht mehr ein. Ich führe dies darauf zurück, dass ein Name eigentlich nur ein zufälliger Klang ist. Man kann ihn an nichts festmachen. Zum Glück ist es nicht besonders schwierig, zu verheimlichen, wenn einem der Name des Gegenübers nicht mehr einfällt.

Woran ich mich auch fürchterlich schlecht erinnern kann, ist, wo ich etwas, das ich benutzt habe, hingelegt habe. Ich finde dies ein überaus merkwürdiges Phänomen. Ich brauche eine Schere, zum Beispiel um eine nicht abgestempelte Briefmarke aus einem Kuvert zu schneiden. Ich nehme die Schere aus der Schublade, wo sie immer liegt, schneide die Briefmarke heraus und lege anschließend die Schere kurz irgendwo hin. Eine Weile später brauche ich die Schere wieder, und dann zeigt sich: Ich habe nicht den blassesten Schimmer, wo ich die Schere kurz zuvor hingelegt habe. Und dann suche ich, bis ich schwarz werde.

Dies gilt für alle Arten von Werkzeugen, Kneifzangen, Schraubendreher, Stopfnadeln, Brieföffner. Das einzig wirksame Mittel gegen diese Art von Vergesslichkeit ist: alles, was man benutzt, immer an den Ort zurücklegen oder -hängen, wo man es gefunden hat. Vor allem Gartenwerkzeuge. Was man im Haus herumliegen lässt, findet sich früher oder später wieder, doch Baumscheren, Spaten und Schaufeln verschwinden unwiederbringlich. Die grüne Hölle macht kurzen Prozess damit. In kürzester Zeit ist das Werkzeug von Brombeere oder Brennnessel überwuchert.

Doch warum ist es so unglaublich schwierig, sich zu merken, wo man ein benutztes Werkzeug hingelegt hat? Es ist, in meinem Fall, nicht das erste Anzeichen von Alzheimer, denn mir fiel dies schon als Kind besonders schwer. Mein Vater lachte mich immer aus, wenn ich etwas suchte, das ich brauchte. Er sagte dann immer: »Tja, man findet seine Sachen immer blind wieder, wenn man nur weiß, wo man sie hingelegt hat.« Aber genau das ist das Problem. Gedankenlos legt man etwas hin, und eine halbe Minute später weiß man nicht mehr, wo man es gelassen hat.

Merkwürdig ist: Für Essen gilt das nicht. Wenn man, ein Butterbrot essend, durchs Haus geht und legt es kurz irgendwo ab, weil man angerufen wird, dann geht man anschließend blind wieder dorthin zurück, wo das Brot liegt. Beinahe noch merkwürdiger ist, dass dies auch für Tiere gilt. Wenn mein Ziegenbock an einem Kohlstrunk knabbert und es mir gelingt, ihn mit seinem Lieblingsessen, reifen Holunderbeeren, davon abzulenken, dann erinnert er sich nach einer Weile daran, dass da noch ein leckerer Kohlstrunk herumliegt. Und dann kehrt er an die Stelle zurück, wo er vorhin am Kohlstrunk gefressen hat. Hat man diesen in der Zwischenzeit heimlich entfernt, sucht er eine Zeit lang hartnäckig an der Stelle. Er erinnert sich also daran, dass da sein köstlicher Kohlstrunk lag. Schade, dass Ziegenböcke keine Werkzeuge verwenden. Wie gerne würde ich untersuchen, ob er, wenn er eine Baumschere benutzt hat, sich noch daran erinnert, wo er sie hingelegt hat.

Der Grauschnäpper

Ende April kehrt, meistens zusammen mit dem Mauer-
segler, der Grauschnäpper in meinen Garten zurück. Er
nistet bei uns, seit wir hier wohnen, also schon seit gut
zwanzig Jahren, an derselben Stelle. In drei Metern
Höhe im Efeu, gleich neben dem Blitzableiter. Soweit
ich beobachten konnte, zieht er, oder besser: ziehen sie,
denn natürlich handelt es sich um ein Paar, alljährlich
zwei Gelege groß.

Der Grauschnäpper ist ein kleiner, unauffälliger Vogel. Trotzdem bin ich immer wieder gerührt, wenn er
erscheint und sein karges, schrilles Lied ertönen lässt.
Kaum zu glauben, dass so ein winziges Federknäuel –
wie viel Gramm mag er insgesamt wiegen? – jedes Jahr
aus Afrika, oder was weiß ich woher, hier hingeflogen
kommt, um exakt an derselben Stelle zu nisten. Ein
neues Nest muss er übrigens nicht bauen, das alte Nest
scheint Jahr für Jahr wiederverwendbar zu sein. Es wird

höchstens ein wenig auf Vordermann gebracht und den Erfordernissen der Zeit angepasst.

Nach der Brutsaison klettere ich immer hinauf zum Nest, um es etwas besser im Efeu zu verankern. Dabei sehe ich, dass das napfförmige Nest von innen mit neuen, säuberlich rund geflochtenen Ziegenhaaren ausstaffiert ist. Der Grauschnäpper ist übrigens nicht der einzige Vogel, der sein Nest mit einer wärmenden Schicht aus Ziegenhaar versieht. Auch Amseln, Drosseln, Rotkehlchen, Zaunkönige, Gelbspötter und Mönchsgrasmücken – und da haben wir die Liste der in unserem Garten brütenden Vögel – machen gerne vom Ziegenhaar Gebrauch.

Die meisten Vögel warten ruhig ab, bis ich meinen Bock morgens aus seinem lichtdurchfluteten Stall hole und zu der Stelle bringe, wo er an diesem Tag grasen darf. Sie fliegen dann eifrig in den Stall und machen sich auf die Suche nach herumliegenden Haaren. Es gibt aber auch eine freche Amsel, die ab und zu auf dem Rücken meines Ziegenbocks landet, um ihm schnell ein paar Haare auszurupfen, mit denen sie anschließend zu ihrem Nest fliegt. Ich kann mir nicht vorstellen, dass der Grauschnäpper dergleichen tut, denn dafür ist er ein zu bescheidener, zu furchtsamer Vogel. 1995 hatte die Amsel ihr Nest gleich neben das des Grauschnäppers in den Efeu gebaut. Jedes Mal, wenn die Amsel mit Futter zu ihren Jungen zurückkehrte, wartete der Grauschnäpper, wenn er ebenfalls mit einem Schnabel voller Mücken ankam, höflich, bis die Amsel im Nest gewesen und wieder weggeflogen war.

Obwohl der Grauschnäpper nicht über ein aufsehen-erregendes Äußeres verfügt (allerdings ist er schön schlank) und auch keine schönen Töne von sich gibt, ist er doch den ganzen Sommer über ein täglicher Quell der Freude. Das liegt vor allem an der Art und Weise, wie er Insekten fängt. Um eine See-Kiefer am Umfallen zu hindern, habe ich ein Stahlseil gespannt, und auf dieses Stahlseil lässt sich der Grauschnäpper stets nieder, um Insekten aufzulauern. Sobald er einen Schmetterling entdeckt, lässt er sich vom Seil fallen. Es sieht so aus, als würde er sich zu Tode stürzen. Im Fallen flattert er, als wäre er in großer Not. Und dann, auf einmal, wird der anscheinend so lebensgefährliche Sturz zu einem eleganten Flug in die Höhe, und er landet wieder auf dem Stahlseil. Von dort aus fliegt er dann zu seinem Nest, um seinen Jungen einen Kohlweißling in die Schnäbel zu stopfen. Wenn die Jungen flügge sind, setzen auch sie sich auf das Stahlseil, und dann verfüttert der Grau-schnäpper dort alles, was er während seines verzweifel-ten Sturzes fängt, an seinen flauschig aussehenden Nach-wuchs.

Leider kann man meistens nicht erkennen, wie der Grauschnäpper im flatternden Fall die Insekten aus der Luft fängt. Außer wenn Schmetterlinge seine Beute sind. Dann sieht man genau, wie er sein Opfer erhascht. Es tut natürlich ein wenig im Herzen weh, zu beobachten, wie

ein Hauhechel-Bläuling, ein Admiral oder ein Kohlweißling in der Luft und im Flug das Zeitliche gegen des Ewi-
ge tauscht. Vor allem auch deshalb, weil so ein schöner
Schmetterling anschließend mit einer gewissen Keckheit
als zerknitterter Happen einem Jungvogel angeboten
wird. Nun ja, das ist eben unvermeidlich, und man kann
dem Grauschnäpper unmöglich verbieten, Schmetterlinge zu fangen. Dem steht gegenüber, dass er den ganzen Tag lang Mücken und Fliegen vertilgt. Aber dennoch: Es tut einem doch in der Seele weh, dass die ersten
scheuen Schmetterlinge, die Ende April erscheinen, immer vom Grauschnäpper gefangen werden.

Der Eindringling

Am Lärm der Vögel in meinem Garten kann ich erkennen, welcher Eindringling sich gerade blicken lässt. Geben die Amseln, Heckenbraunellen, Finken, Kohlmeisen und Rotkehlchen ein leises Schimpfen von sich, dann weiß ich, dass der rötliche Kater der Nachbarn durch die Sträucher schleicht. Wirklich Angst haben die Vögel nicht vor ihm, denn er ist kaum in der Lage, eine Nacktschnecke zu fangen. Aber sie halten es dennoch für klug, einander vor ihm zu warnen. Schimpfen sie lauter, weiß ich, IJsbrand stromert herum, ein blaugrauer, riesiger Kater aus der Nachbarschaft.

Eine andere Vogelkakofonie ertönt, wenn sich die Waldeule in den Bäumen niederlässt. Früher oder später vernimmt man ihr heftiges Keifen oder ihr wunderschönes Jammern, das auf der Tonspur aller Gruselfilme zu finden ist. Kommt ein Turmfalke vorbei, dann lärmen vor allem die Amseln herum, obwohl sie von ihm wenig zu befürchten haben. Taucht ein Bussard auf, warnen die Vögel einander wieder anders.

Vor einer Weile, es war bereits Abend, schreckte mich ein fürchterlicher Krawall auf. Besorgt eilte ich in den Garten. Was war da los? Hatten die Leute vom Tierheim all ihre überzähligen Katzen in meinem Garten ausgesetzt? Ich konnte nichts entdecken, aber die scharfen, schrillen Schimpftöne der Amseln vermittelten mir das Gefühl, dass große Gefahr drohe. Nach etwa zwanzig Minuten beruhigte sich alles wieder. Ein paar Tage später warnten die Amseln einander erneut vor großer Gefahr. Es dämmerte bereits sehr, und wieder konnte ich nichts entdecken.

So ging das wochenlang. Jedes Mal, wenn es dämmerte, herrschte blinde Panik unter den Vögeln. Weil es inzwischen später dunkel wurde, war es mir irgendwann endlich vergönnt, zu sehen, was die Vögel derart in Angst versetzte. In einer Pappel hockte ein grauer Raubvogel. Zuerst dachte ich noch: ein Turmfalke, aber das konnte nicht sein, denn vor dem fürchten sich Singvögel kaum.

Nein, der Eindringling mit seinem dunkelgrauen Rücken, dem hellgrauen Bauch und seinem gerade abgeschnittenen Schwanz war nichts anderes als ein Sperber. Einerseits war ich stolz, weil er sich meinen Garten zum Jagdrevier erkoren hatte, doch andererseits fürchtete ich auch um meine Heckenbraunellen und Finken. Und weil meine Nachbarn edle Vierfüßer halten und daher oft Pferdemist herumliegt, hausen rund um ihre Ställe auch noch jede Menge Hausspatzen. Der Hausspatz ist inzwischen ein so seltener Vogel geworden, dass Kinder – wie ich wiederholt feststellen konnte – ihn nicht mehr erkennen.

Es ist leicht verständlich, warum die Singvögel eine Heidenangst vor dem Sperber haben. Ein paarmal habe ich ihn nun schon im Sturzflug Richtung Erde ein Finkenweibchen schlagen sehen. Es ist ein unglaublicher Anblick. Er stürzt sich dabei mit eng angelegten Flügeln in die Tiefe und rast mit beeindruckender Geschwindigkeit auf seine Beute zu. Längst nicht immer ist er erfolgreich, doch wenn man plötzlich ein schreckliches Gejammer vernimmt, dann weiß man, dass er zugeschlagen hat. Mit dem kreischenden Vögelchen in den Krallen fliegt er anschließend ein Stück weiter, in die Zwiebelfelder, und da verputzt er dann den Finken oder den Spatz in aller Ruhe. Bei lebendigem Leibe. Man hört nämlich eine ganze Zeit lang das immer leiser werdende Kreischen seines Opfers. Ein paar Federn fliegen noch herum, und dann ist das Abendmahl verspeist. Wenn ich Zeuge dieses Schauspiels werde, denke ich immer an das, was mein Vater so oft sagte: »Wie schön ist Gottes wunderbare Schöpfung doch.«

Einmal täglich

Wenn man Hühner hält, hat man Probleme. Sie stellen hohe Anforderungen an die Versorgung. Sie können ein paar Tage fasten, doch wenn sie kurze Zeit nicht trinken können, liegen sie tot im Gehege. Und sie saufen wie die Löcher. Deshalb muss man ihnen ständig Wasser bringen. Entwischen sie aus ihrem Gehege, dann picken sie in Nullkommanichts sämtliches Saatgut aus dem Boden. Mit Salatköpfen, Dicken Bohnen, keimenden Pflänzchen machen sie kurzen Prozess. Wo sie gewütet haben, wächst monatelang nichts.

Im Tausch gegen Nahrung und das viele Wasser liefern sie in der Regel täglich ein Menstruationsprodukt: das sogenannte Ei. Wenn man drei Hühner hat, dann findet man normalerweise jeden Tag mindestens zwei Eier. Was soll man damit machen? Eine Eiermahlzeit pro Tag? Das ist an und für sich keine Strafe, denn was gibt es Leckereres als ein gebratenes Ei. Zumal, wenn man bedenkt,

dass solch ein frisches Menstruationsprodukt tausendmal besser schmeckt als ein Ei aus dem Supermarktregal,
das bereits ein paar Tage alt ist.

Aber ein Ei ist eine Cholesterinbombe. Und wenn
man diese Bombe in Butter brät, nimmt man unverantwortlich viel von diesem Stoff zu sich. Daher sollte man
das Ei besser nicht braten. Kochen ist eine Option, denn
auch ein gekochtes frisches Ei ist eine Delikatesse. Und
es gibt noch zahllose andere Möglichkeiten der Verwen-
dung. Quiches. Oder, wie in der italienischen Küche, mit
irgendwelchem Gemüse als Frittata. In Pfannkuchenteig.
Und was einem sonst noch so einfällt. Aber das ändert
nichts daran, dass man, wenn man zu zweit jeden Tag
mindestens zwei frische Eier zur Verfügung hat, pro Person und Tag ein Ei verzehrt.

Ist das wirklich ungesund? Das Ei, in welcher Form
auch immer, ist überall in der Natur ein willkommenes
Nahrungsmittel. Fischlaich ist bei allem begehrt, was in
Salz- oder Süßwasser lebt. Von den Eiern, die die Stichlinge bei uns im Labor in ihre Nester legten, verschwand
für gewöhnlich die Hälfte in den Mägen von Süßwasser-
schnecken. Außerdem rauben männliche Stichlinge die
Eier, die Weibchen in andere Nester legen. Selbst die
Weibchen fressen voller Überzeugung die Eier der anderen Weibchen auf. Gab bei uns im Labor ein überreifes
Weibchen seine Eier ab, dann stürzten sich alle anderen
Weibchen sofort darauf. In Nullkommanichts war ein
solches Gelege verschwunden.

Überall im Meer, wo Laich abgesetzt wird, lauern Räuber auf ihre Beute. An Land macht alles, was lebt, Jagd auf Eier. Vögel plündern die Nester anderer Vögel. Bei meinem Nachbarn, der eine spezielle Gänseart züchtet, stehlen Dohlen, Elstern, Krähen, Eichelhäher und Iltisse die Eier. Die Enten, die auf unserem Grundstück im Efeu nisten, legen in der Regel rund vierundzwanzig Eier, von denen meistens die Hälfte geraubt wird. Ist ein solches Nest schlecht getarnt, dann legt die Ente ihre Eier ganz umsonst. Nicht ein Ei wird je zum Küken. Ehe es so weit ist, wurde es längst eifrig verputzt. Auch die Eier der Bläss- und Teichhühner werden permanent gestohlen.

Ratten sind ebenfalls ganz wild auf Eier. Immer wieder kommt einem das Gerücht zu Ohren, Ratten würden im Verband Eier aus dem Hühnergehege rauben. Dabei soll eine Ratte auf dem Rücken liegen und das Hühnerei mit allen vier Pfoten fest umschlingen, während die anderen Ratten ihren Kumpan am Schwanz wegziehen. Ich habe davon nicht nur Zeichnungen, sondern auch Fotos gesehen. Dennoch kann ich kaum glauben, dass Ratten dazu in der Lage sind. Aber fest steht, dass sie nichts lieber fressen als ein frisches Ei.

Auch mein Hund mag für sein Leben gern Eier. Ab und zu, wenn ich in Menstruationsprodukten schwimme, spendiere ich ihm ein frisches Ei. Er leckt dann den Futternapf beinahe mit auf, so gut schmeckt es ihm.

In Anbetracht der Tatsache, dass Eier in Gottes freier

Natur ein so begehrtes Gut sind, fällt es schwer, zu glauben, sie könnten schlecht für die Gesundheit sein. In früheren Zeiten pflegten Hühnerhalter auf dem Land ihre überzähligen Eier ihrem Hirten zu geben. In den Pastoraten wurden riesige Mengen an Eiern gegessen. Trotzdem wurden gerade die Pastoren, so sehr sie sich auch berufsbedingt danach sehnten, so früh wie möglich zu Gott berufen zu werden, oft steinalt. In England, wo sie ausnahmslos jeden Morgen zwei gebratene Eier zum Frühstück verspeisten, lag vor einem halben Jahrhundert die durchschnittliche Lebenserwartung eines Landvikars sogar um zehn Jahre über der eines normalen Sterblichen.

Eier können daher einfach nicht schädlich sein. Sowohl Dotter wie Eiweiß enthalten viele unverzichtbare Nährstoffe, Mineralien, Bioflavonoide, Vitamine (Vitamin A, B6, B12, D) und Biotin, Chelate, Folsäure, Phosphor, Niacin, Paraaminobenzoesäure, Zink. Vegetarismus deshalb: ja, doch Veganismus ganz sicher: nein. Fleisch und Milchprodukte kann der Mensch entbehren, doch Eier sind unverzichtbar. Ich denke, ich schaffe noch ein paar zusätzliche Hühner an.

Mein Freund Efeu

Wie aus den vorhergehenden Seiten deutlich wurde, ist mir das Gärtnern nicht in die Wiege gelegt worden. Deshalb ist es auch eine unverschämte Frechheit, dass mir ein hektargroßer Garten zuteilwurde. Dank dieses Streichs, den mir das Schicksal gespielt hat, habe ich in den vergangenen fünfundzwanzig Jahren gründlich über das Wesen des Gärtnerns und über die Frage, warum ich damit auf gespanntem Fuß stehe, nachgedacht.

Das Wesen des Gärtnerns besteht, wie das Verlegen von Büchern, bei dem man sich auch immer mit dem nächsten Programm beschäftigt, im Vorausplanen. Wer gärtnert, ist mit der Zukunft zugange. Man muss in dem Moment, da man eine kleine Pflanze in die Erde setzt, schon vor sich sehen, welch prächtiger Kohl daraus im Laufe der Zeit entstehen wird. Zunächst also muss man davon überzeugt sein, dass man die Ernte noch erleben wird. Oder anders ausgedrückt: Wer gärtnert, kann und wird nicht damit rechnen, dass er morgen vielleicht tot umfällt und deshalb das Ergebnis seiner Arbeit nie erblicken wird. Mich überkommt jedoch, wenn ich den Spaten in den Boden stoße oder eine winzige Spitzkohlpflanze in die Erde setze, sogleich das missmutige Gefühl, dies alles umsonst zu tun, die neuen Kartoffeln nicht mehr zu erleben. Normalerweise bin ich mir meiner Sterblichkeit nicht sonderlich bewusst, und ich beschäftige mich auch nicht damit, doch wenn ich gärtnere, überfällt mich das Memento-mori-Bewusstsein mit aller Heftigkeit. Und das hat offensichtlich damit zu tun, dass man, wenn man im Garten arbeitet, immer etwas macht, das nicht übermorgen, nicht nächste Woche, sondern frühestens im nächsten Monat Früchte bringt. Von Natur aus schaue ich nicht vorwärts, von Natur aus schaue ich zurück. Ich beschäftige mich vor allem mit der Vergangenheit. Alles, was war, stößt auf mein warmes Interesse. Alles, was noch kommen wird, lässt mich kalt. Und darum ist mir das Gärtnern wesensfremd.

Hinzu kommt: Jäten wie der Teufel, das ist dein Los, vom Frühling bis zum Herbst. Auf die Knie und weg mit all dem Unkraut zwischen den Samen und den Pflanzen, denen man eine gute Zukunft wünscht. Doch beim Jäten rupft man die schönsten Dikotylen und Monokotyledonen aus. Ehrenpreis etwa, eine der holdesten Pflanzen der gesamten Schöpfung. Gerade weil ich mit Guido Gezelle sagen kann: »Zu mir spricht jedes Blütenblatt, für mich lebt, was allerorten sprießt, von überall her grüßt, was Gott geschaffen hat«, kostet es mich so große Mühe, den Ehrenpreis auszurufen.

Trotzdem kann ich mein Grundstück nicht seinem Schicksal überlassen. Ich zitierte schon A. Roland: »Gott ist mein Gärtner«, der alles in seinem Garten einfach wachsen ließ, wie es wachsen wollte. Eine herrliche Einstellung, doch die Erfahrung lehrt leider, dass der Allmächtige nur eine armselige Auswahl aus dem reichen Angebot an Pflanzen trifft, die ihm zur Verfügung steht. Auf meinem Klei wählt er Holunder, Brennnessel und Brombeere. Und im Sommer kommt er außerdem noch mit Zaunwinde. Alles andere verkümmert, wird verdrängt, ja, verschwindet sogar, wenn man nicht eingreift, so endgültig, dass, um es mit biblischen Worten zu sagen, »sie nimmer da sind, und ihre Stätte sie nicht mehr kennet«.

Notgedrungen greife ich daher zu Schaufel und Harke. Ich gärtnere, weil ich keine Monokultur aus Brennnesseln und Brombeeren haben möchte. Zum Glück gibt es Pflanzen, die den Boden ordentlich bedecken und so verhindern, dass überall Holunder sprießt. Ein solches Gewächs ist zum Beispiel Efeu. Er wächst nach Herzenslust und möchte sich gern irgendwo hinaufranken. Wenn das jedoch nicht möglich ist, gibt er sich auch mit einem Platz auf dem Boden zufrieden. Er breitet sich aus, es sieht gut aus, man muss sich nicht um ihn kümmern, und wo er wächst, da gedeiht nichts anderes mehr. Efeu ist daher mein bester Freund im Kampf gegen Brombeere, Brennnessel und Holunder. Der Efeu nimmt mir so viel

Arbeit ab, denn er selbst braucht nämlich keinerlei Pflege. Ich hoffe, dass irgendwann mein ganzes Grundstück mit Efeu bedeckt ist. Dann gehören die Mühen des Gärtnerns endgültig der Vergangenheit an.

Leider gibt es, von der Flatterbinse einmal abgesehen, noch eine Pflanze, die, was Gemeinheit betrifft, Brennnessel und Brombeere mühelos den Rang abläuft: Quecke. Efeu ist machtlos, wo Quecke wächst. Gegen Quecke helfen nur die allerradikalsten Maßnahmen. Vor noch nicht allzu langer Zeit habe ich herausgefunden, wie ich sie bekämpfen kann. In unserem Dorf wird an bestimmten Tagen der Sperrmüll eingesammelt. Die Leute stellen dann haufenweise Dinge an die Straße, mit denen man in der Dritten Welt ein Vermögen verdienen könnte. Auf oder neben diesen Haufen findet man auch immer wieder dicke Rollen Teppichboden. Nun, diese Rolle packe ich mir, ehe der Sperrmüllwagen kommt, auf den Gepäckträger meines Fahrrads und transportiere sie nach Hause. Wo Quecke wächst, bedecke ich den Boden mit dem erbeuteten Teppichboden. Dies hat sich als genialer Trick erwiesen. Dicker Teppichboden macht mit der Zeit der Quecke den Garaus.

Eine andere, länger dauernde Methode, die Quecke zu bekämpfen, besteht im Halten von Hühnern. Dort, wo man ein Hühnergehege anlegt, wächst nach kürzester Zeit nichts mehr. Selbst der allerkleinste Grashalm wird sofort von einem Huhn aus der Erde gerupft und verspeist.

In einer nicht allzu fernen Zukunft sieht mein Garten also wie folgt aus: Überall Efeu, außer an den Stellen, wo immer wieder Quecke wächst. Dort liegt Sperrmüllteppichboden, der natürlich vermodert, doch regelmäßig mit Nachschub von den für den Sperrmüllwagen aufgestapelten Haufen erneuert wird. Und an den Stellen, wo kein Efeu wachsen will und Teppichboden weniger erwünscht ist, scharren Hühner. Und dann ... o welch unermessliche Seligkeit, o Freude, die alle Schmerzen vertreibt, dann sind Schaufel und Forke gewichen, und ich habe immer saubere Hände ... dann muss ich nie wieder gärtnern.

Quellennachweis

Unter dem Obertitel »Aus dem Klei« sind all diese Gartenkolumnen, von einigen abgesehen, auf der letzten Seite des *NRC Handelsblad* erschienen. Sie wurden, von einigen stilistischen Änderungen abgesehen, unverändert übernommen, wodurch manche Informationen nun doppelt gegeben werden. »Betriebsführung« wurde erstmals in dem Buch *Eerst de hoeve, dan het hart* (Erst der Hof, dann das Herz; Uitgeverij Sun, 2000) über den niederländischen Bauernhof veröffentlicht. Die Kolumne »Ein lichtdurchfluteter Wohnstall« erschien in der Zeitschrift *Mariënbode* des psychogeriatrischen Zentrums Mariënhaven. »Baumschere« und »Der Eindringling« wurden in einer Reihe von Regionalzeitungen erstveröffentlicht. Der Text über den Grauschnäpper erschien in der Zeitschrift des Weltnaturfonds. »Einmal am Tag« wird in diesem Buch erstmals veröffentlicht. »Mein Freund Efeu« wurde mir von einer Gartenzeitschrift abgeschwatzt, deren Namen ich lieber diskret verschweige. Weil die Zeitschriftenredaktion nicht nur unaufhörlich um einen Beitrag bettelte, sondern mich auch dazu drängen wollte, eine feste Rubrik in der Zeitschrift zu übernehmen, habe ich schließlich einen knurrigen Text verfasst, in dem ich eine Methode beschreibe, wie man das Gärtnern loswird.

Inhalt